つくば発！

小中一貫教育が世界を変える

新設「つくばスタイル科」の取り組み

つくば市総合教育研究所 編著

Challenge for Change
with
"Tsukuba Style Study"

東京書籍

はじめに

つくば市長　市原　健一

つくばを見つめ，世界を見つめて，未来を拓く

　2012年，つくばの教育は変わります。
　つくば市では，2011年に「つくば国際戦略総合特区」として認定され，世界のイノベーションをリードするグローバル拠点都市として新しいまちづくりに着手しました。市政の重要施策の1つとして「教育日本一」のまちづくりをめざして取り組み，今年で3年目を迎えました。小中一貫教育が市内全小・中学校で一斉に開始した本年度は，記念すべき年となりました。また，4月からは，つくばの小中一貫教育を支え，9年間の連続した学びを生み出す「つくばスタイル科」が始動しています。「つくばスタイル科」では，次の時代をリードし，イノベーションを創造することができるクリエイティブな人材を育成するために，児童生徒の新しいスキルと能力の育成に取り組んでいきます。

　現代の子どもを取り巻く社会環境は，インターネットや携帯電話・スマートフォンなどの普及にともない情報化は急速に進展し，子どもたちのまわりにICT技術があることは普通のことであり，インターネットで世界とつながっている時代です。新しいコミュニケーションの方法が生まれる中で，個人の価値観の多様化や従来的な人間関係の希薄化なども発生し，生き方とライフスタイル全体が大きく変化しつつあります。

　そのような環境と社会に対して，つくば市の学校では，子どもたちに，柔軟かつしなやかに次の時代を創造していく力を育むことと，未来に希望を抱いて成長していくことができる教育環境を提供することをめざします。この新しい教育は，つくば市だけでなく，創造的な知の発信源である筑波大学とグローバル企業であるインテル株式会社と連携して構築していきます。

　本誌におけるつくば市からの提案が，日本の教育的課題解決の参考になりますよう期待しますとともに，21世紀を生きる全ての子どもたちが輝かしい未来を切り開いてくれることを願っています。

市原 健一　略歴

北里大学医学部卒業
1979年　東京女子医大整形外科に入局
1984年　東京厚生年金病院整形外科医長に就任
1988年　つくば市内に市原病院を開設
1993年　茨城県議会議員に初当選し，2004年まで在職（4期）
2004年　つくば市長に就任し，現在2期目

筑波大学

学長 山田 信博

つくば発の
イノベーション創出に向けて

　今日のグローバル社会は，エネルギー資源問題，経済危機など，高度に複雑化した多くの困難な課題を抱えています。さらに，我が国は東日本大震災からの復興を成し遂げなくてはなりません。このような厳しい時代において，課題の解決や新たな価値を創造していくには，「連携・協働」が不可欠です。多様な価値観や知恵が混じり合うことによってこれまで想像できなかった解決策や新しい価値が生み出されます。

　言うまでもなく，未来を担う人材の育成は極めて重要です。「先端科学」，「国際都市」，「環境都市」など，さまざまな特徴を備えるつくばは，日本の教育や研究をリードし，日本の抱える諸課題を解決し，イノベーションを起こすことのできる稀有なフィールドです。そのような意味では，つくば市及びインテル株式会社との連携活動の1つとして，小・中学生を対象とした「教育日本一」をめざすプログラムがあり，この連携の枠組みを活用しながら，つくば市では，先進的な教育改革の取り組みが進められています。

　つくばの地は，我が国有数の知の集積拠点として，国内のみならず世界でもよく知られています。1963年に，研究学園都市建設の閣議了解が行われてから50年を迎えようとしている今，私たちは，知の拠点としてつくばが果たすべき使命，多方面から寄せられるつくばへの期待を，改めて認識し直す必要があります。筑波大学においても，さまざまな機関との連携を深めながら，教育研究システムの改革を強力に推進しています。つくば市の教育改革の取り組みが，今後，日本，そして世界のモデルとなるような大きな成果に結び付くことを期待しています。

山田 信博　略歴

東京大学医学部卒業
医学博士
1986年　東京大学医学部附属病院助手に就任，以降講師，助教授に就任
1999年　筑波大学臨床医学系教授に就任
2007年　筑波大学理事・附属病院長に就任
2009年　筑波大学学長に就任

はじめに

インテル株式会社
代表取締役社長　吉田　和正

グローバル社会を見据えた
人材育成をめざして

　子どもたちが自ら問題を見極め，自発的に考え，解決策を見つけだし，それを仲間が理解できるように表現する。世界の教育は，こうした能力の育成を重視した教育プログラムへと移行しはじめています。インテルが提唱する「21世紀型スキル」（コミュニケーション力，思考力・判断力，問題解決力，協働力，IT活用力）も同様に，次世代のリーダーが企業で活躍するにあたり備えるべき人材のスキル育成をめざしています。つくば市の「つくばスタイル科」もまた，この世界の潮流に合致する，次世代を担う子どもたちへの教育であると確信しています。

　グローバル社会で活躍するための能力とスキルを備え，リーダーシップを発揮できる人材育成は，日本の教育現場だけではなく，グローバル市場への対応が急務の日本企業にとっても，喫緊の課題です。インテルは10年以上前より，初等中等教育の教員に向けた教員研修「Intel® Teach プログラム」を提供しており，これまでに，世界で1千万人以上，日本では約4万人の教員が受講しています。「Intel® Teach プログラム」は，児童生徒の21世紀型スキル習得の支援を目的に展開しており，教員中心の授業ではなく，ICTを活用しながら児童生徒の考える力を促す，思考支援型の授業形態を学ぶ研修プログラムです。今回の「つくばスタイル科」にも，この「Intel® Teach プログラム」のエッセンスが取り入れられており，教員研修の質の向上に寄与しています。インテルは，つくば市や筑波大学との協力を通じて「教育日本一，つくば」を応援します。そして，21世紀型スキル，グローバル社会に求められる能力とスキルの普及に貢献し，子どもたちの夢の実現を支援していきたいと思います。

吉田 和正　略歴

米コロラド西州立大学社会学部卒業
1984年　インテル コーポレーションに入社
1988年　インテル株式会社 プロダクト・マーケティング部長 兼 地域営業部長
2000年　インテル株式会社 通信製品事業本部長に就任
2003年　インテル株式会社 代表取締役社長に就任
2004年　インテル コーポレーション セールス＆マーケティング統括本部副社長を兼任

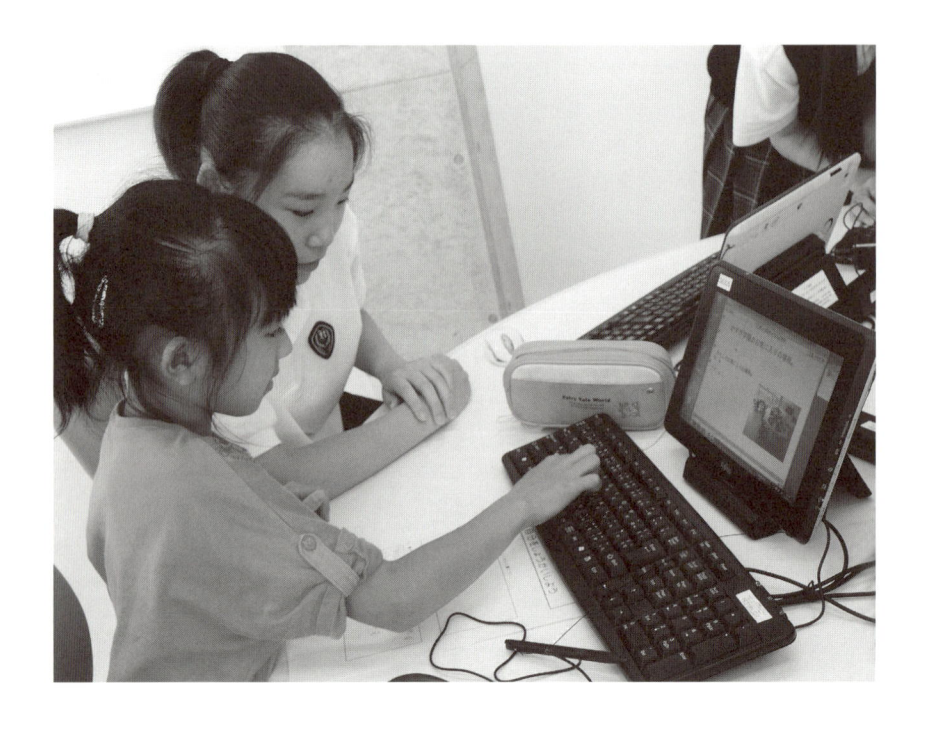

もくじ

つくば発！
小中一貫教育が世界を変える
新設「つくばスタイル科」の取り組み

はじめに
つくばを見つめ，世界を見つめて，未来を拓く …… つくば市長　市原　健一
つくば発のイノベーション創出に向けて ……… 筑波大学　学長　山田　信博
グローバル社会を見据えた人材育成をめざして
　………………………… インテル株式会社　代表取締役社長　吉田　和正

第1章　小中一貫教育へのあゆみ
　1　小中一貫教育構想のきっかけ ……………………………………… 6
　2　小中連携の模索 …………………………………………………… 8
　　　つくばAZUMA学園／高崎しいの木学園／つくば桜並木学園
　3　連携から一貫へ …………………………………………………… 14
　　　つくばAZUMA学園／つくば竹園学園／つくば百合ヶ丘学園
　4　小中一貫教育完全実施へ ………………………………………… 20

第2章　小中一貫教育の実践
　1　9年間の学びの連続性 …………………………………………… 24
　2　小学校教科担任制と中学校教員による小学校ティームティーチング授業 …… 25
　3　小・中学校交流授業 ……………………………………………… 26
　4　ICTによる時間や空間の壁を超えた一貫教育の実現 ………… 27
　5　小・中学校教員の連携 …………………………………………… 28
　6　幼稚園，中学校，高等学校，大学，地域との連携（開かれた学校）……… 29
　7　学園紹介 …………………………………………………………… 30

第3章　小中一貫教育を支える「つくばスタイル科」の創設
　1　「つくばスタイル科」はじまりのきっかけ ………………………… 34
　2　地域教育資源を生かした21世紀型学習「つくばスタイル科」……… 36
　3　「つくばスタイル科」のめざすもの ……………………………… 38
　4　「つくば次世代型スキル」の策定と評価 ………………………… 44
　5　「つくばスタイル科」年間指導計画の立て方 …………………… 50

第4章　「つくばスタイル科」の構成
　1　環境単元 …………………………………………………………… 52
　2　キャリア単元 ……………………………………………………… 76
　3　歴史・文化単元 …………………………………………………… 100
　4　言語力（コミュニケーション）を育む外国語活動 ……………… 116

第1章 小中一貫教育へのあゆみ

1 小中一貫教育構想のきっかけ

　教育基本法改正（H18.12），学校教育法改正（H19.6）により，学校教育では，知・徳・体のバランス（教育基本法第2条第1号）を重視し，基礎・基本的な知識・技能，思考力・判断力・表現力など及び学習意欲を調和的に育むことが必要である旨，規定された。また，教育基本法には義務教育の目的が，学校教育法には義務教育の目標が規定された。学校教育法第29条には小学校が義務教育として行われる普通教育のうち基礎的なものを施すことを目標とすることや，第45条において中学校は小学校における教育の基礎の上に義務教育として行われる普通教育を施すことを目標とすることが述べられている。

　これらを受けて，中学校学習指導要領解説総則編の中で「生徒の人間として調和のとれた育成をめざす」とは，義務教育9年間を見通し，小・中学校教育の連続性の確保を重視し，発達段階に応じた指導が重要であることを示唆している。

　本県においては，急激な少子化に対応した「公立小・中学校の適正規模について（指針）」（H20.4）を策定し，児童生徒の教育環境の改善に向けた新たな方向性を示した。

　こうした中で，つくば市では，「子どもの成長の連続性の保証」「中1ギャップの解消」「学校の適正規模化の対応」などの必要から，平成21年4月，市として小中一貫教育の推進を掲げた。平成24年4月からはつくば市立小学校及び中学校管理規則で中学校区を基盤にした学園名を決め，市内全小・中学校で小中一貫教育が始まった。

1　小中一貫教育を進めていくにあたっての課題

　現在，教育界では，不登校児童生徒の増加，中1ギャップなどの問題を抱えているが，小中一貫教育を推進していくにあたって次の4つが課題と考えられる。

　ア　学びの連続性，持続性による個に応じたきめ細やかな教育の推進
　イ　9か年を見通した弾力・効果的な教育課程の編成
　ウ　教科の専門性を生かした小学校5・6年生への教科担任制の導入
　エ　指導内容の発達段階を考慮した弾力的運用と，生活・学習集団の再構成並びに児童生徒の実態に即した有効な学習の展開

2　市の課題

　各中学校区において，小学校・中学校相互の連携を図っていく上で以下の4点が課題となっていた。

　ア　市内15学園において，1小1中の学園は3学園で，他の12学園は1中学校に対して複数の小学校で構成されていること。
　イ　「めざす児童生徒像」など学校間の違いをそのままに中学校生活をスタートさせるために，一貫した9年という連続した学びが困難になっていたこと。
　ウ　小学校高学年における教科担任制の導入について，免許取得教科の偏り，時数の多い教科は学級担任の方がもちやすいといった考え方などから，小学校間の取り組みはさまざまであったこと。
　エ　総合的な学習の時間の取り組みが，各小学校間において同じカリキュラムによる学習活動を行う場合，地域や児童の実態を考慮し，連携や自校化が十分に図られていなかったこと。

3　つくば市がめざす小中一貫教育の姿

　学園で，義務教育9年間を貫いて共通の「目標・指導内容・指導方法」が設定され，それらが学園の教職員に共通理解され，さらに，学園の保護者・地域の協力のもとで実施される教育をつくば市のめざす小中一貫教育と定義する。

第1章 小中一貫教育へのあゆみ

1 小中一貫教育構想のきっかけ

つくば市教育長　柿沼（かきぬま）　宜夫（たかお）

茨城大学　教育学部　卒業
　1966年から県内公立中学校教諭，つくば市教育委員会指導主事，つくば市立竹園東中学校教頭，つくば市教育委員会指導課課長補佐，つくば市立桜南小学校校長，手代木中学校校長，谷田部中学校校長を経て，2005年からつくば市教育長となる。1985〜1989年桜中学校においてつくば市CAI教材作成委員長，竹園東中学校勤務中には文部省教育課程研究開発校の指定を受けるとともに同省情報教育評価委員を兼任し，現在の市内学校ICT教育の基礎を築く。

4　小中一貫教育推進の基本構想

　ア　学習指導要領に沿いつつ，「教育課程特例校」の制度を生かして推進する。
　イ　施設分離型及び施設一体型小中一貫校のそれぞれの特長を生かし，保護者の協力，地域・大学研究機関との連携を図りながら推進する。
　ウ　9年間を見通した弾力的・効果的な教育課程を編成・実施する。
　エ　6－3年制を基盤としつつ，児童生徒の心身の発達に合わせられるように4－3－2年の区切りを取り入れ，発達段階を考慮した生活・学習集団の弾力的な編成をする。

5　小中一貫教育の特長

　ア　児童生徒の成長の連続性の保証
　　　心理的，身体的に不安定な成長期において，学習や生活指導の継続性，系統性のある教育をすることでの児童生徒の負担の軽減が可能になる。
　イ　中学校進学に際しての不適応「中1ギャップ」による不登校などの防止
　　　学校環境（文化・風土・習慣）の急激な変化を防ぐことが可能になる。
　ウ　発達段階を考慮した積極的な教科担任制の導入
　　　教科の専門性を生かすことで，学習指導の充実を図ることが可能になる。
　エ　教員の連携・協働と柔軟な人員配置
　　　小・中学校の教員の効果的な活用が可能になる。
　オ　柔軟・効率的な学習カリキュラムの編成
　　　児童生徒の交流・系統性を重視した教育が可能になる。
　カ　施設設備投資の効率の高い活用
　　　学校の老朽化や予算の分散化への対応が可能になる。
　キ　学校集団の適正規模化
　　　同年齢・異年齢の集団活動が活発になり，人と関わる力を高めることができる。

第1章
小中一貫教育へのあゆみ

② 小中連携の模索

> **つくばAZUMA学園**
>
> 連続的な学びを創造する小中一貫教育（連携型）の在り方
> －小中9年間をとおして身に付けさせたい力を明確にした全校的な取り組み－

1　身に付けさせたい力の明確化と組織づくり

　　身に付けさせたい力として,「学び続ける力」「感じる力」「なしとげる力」の3つを設定した。「学び続ける力」とは,学ぶことの素晴らしさを知り,生涯にわたって学び続けていくことのできる意欲と能力である。「感じる力」とは,ものや自然,他者からさまざまなことを感じ取り,思いやりの心を育むことができる力である。「なしとげる力」とは,他者と喜びを分かち合い,最後までものごとを成し遂げていくことのできる力である。

2　実践

（1）学び続ける力部会

　ア　国語ワーキンググループ

　　国語では,指導力を高めるための授業研究の充実を重点活動とし連携を進めた。児童生徒の交流では,「古文の響きを味わおう」をテーマに,枕草子などの群読発表を行った。中学校1年生が小学校6年生に向けて古文を音読したり,用意した資料を使って小中合同のグループで読み合ったりした。小学生は,新学習指導要領でも取り上げられている古典に大変興味をもった様子だった。

▲中学生による発表

　イ　理科ワーキンググループ

　　理科では,重点活動を3つ設定した。1つ目は,教員の相互乗り入れ授業を計画的に実践すること,2つ目は学習の系統性を考慮した活動を積極的に行い,技能が段階的に身に付けられるようにすること,3つ目は,観察記録の書き方を統一し,継続的に指導していく中で表現力を育てていくことである。小・中学校が系統性のある活動を進めることで,児童生徒の科学に対する力が備わっていくと考え,実践を行った。

▲小中教員による相互乗り入れ授業

　ウ　英語ワーキンググループ

　　英語では,重点活動として,小学校では,中学校の基礎をつくるために年間をとおして英語での朝の歌,クラスルームイングリッシュの活用,中学校では,小学生との交流をとおして英語を学ぶ喜びを体験した。小中の連携では,「お店屋さんごっこ」と題して3段階で交流を行った。パート1として買い物をするときに使う英語会話,パート2で英語で買い物をする場の会話,パート3で小学校2年生向けのお店屋さんごっこを行った。

▲お店屋さんごっこ

（2）感じる力部会

　感じる力部会では，小・中学校での道徳と学級活動のカリキュラムの検討と，総合的な学習の時間の活動内容の連携を図った。特に，あいさつと思いやりの心の育成を中心として指導計画を見直し，連結部である小学校5・6年生と中学校1年生の道徳と学級活動のカリキュラムの相互の関連を図りながら，「生き生き活動プラン」を策定した。また，総合的な学習の時間では，環境教育を中心に，小学校3年生から中学校1年生までの活動内容を連続的なものにした。

▲総合的な学習の時間での発表

（3）なしとげる力部会

　なしとげる力部会では，小学生と中学生の交流の場を数多く設定し，小中の交流を促進するとともに，交流の場が「ともになしとげる場」となるような活動を計画し，実践した。

　　ア　小学校陸上記録会へ向けた中学校陸上部員の練習サポート（5月）
　　イ　小中合同マナーアップ運動（朝の通学路でのあいさつ運動）（6月）
　　ウ　中学校スクールリーダー講習会への小学生の参加（7月）
　　エ　中学校体育祭，小学校運動会への相互交流（9月）
　　オ　中学校音楽祭への小学校6年生の参加（10月）
　　カ　児童生徒の交流と地域清掃を行うさわやか活動（11月）
　　キ　小学校6年生の中学校体験学習（1月）

▲さわやか活動

（4）連続的な学びを意識した取り組み

ア　小学校5・6年生の教科担任制

　小学校5年生から一部教科担任制を実施し，9年間の連続性を意識して取り組んでいる。吾妻小では，5年生では算数，理科，社会で，6年生では，算数，理科，社会，外国語活動で教科担任制を行っている。

イ　縦割り班活動を意識した取り組み

　小学校では1年生から6年生までを60の班に分けて，縦割り班の活動を行っている。この流れを中学校卒業まで組み入れることで，生徒がやさしさや思いやりの心をもつことができると考えた。中学校1年生と小学校2年生による地域清掃を中心としたさわやか活動，中学校2年生と小学校3年生によるサイエンスデー，中学校3年生の卒業時に小学校4年生による卒業を祝うビデオレターと続いていく。小中の接続部である小学校5・6年生と中学校1年生に限定することなく，児童生徒が小・中学校9年間のつながりを忘れないでいくためにも有効な手立ての1つであると考える。

▲サイエンスデー

3　成果と課題

　小中の交流は，教師も児童生徒も年を重ねるごとに充実してきていることは確かである。今後，小・中学校9年間が連続性をもち，児童生徒のよりよい成長につながっていく小中一貫教育の在り方を追究するため，活動の結果を検証し，実践を重ねていきたい。

第1章
小中一貫教育へのあゆみ

2 小中連携の模索

高崎しいの木学園

児童生徒の連続的な学びを育む小中連携の在り方

1 身に付けさせたい力の明確化と組織づくり

小中連携の意義は「学びの連続性を保証すること」にある。そこで，身に付けさせたい力として「生きる力」を設定した。「生きる力」とは「確かな学力」，「豊かな心」，「健やかな体」である。

2 実践

(1)「学びを高める」研究部

ア　研究部としての取り組み
　(ア)　学習の手引きの作成

　　　1年次は，「家庭学習の内容」に絞った手引きを作成し，2学期より実践した。2年次は家庭学習だけでなく，「各教科の学習内容」や「授業の受け方（ノートのとり方）」まで全教科において記述するようにした。

　(イ)　学習サポーターの実践

　　　授業サポーターとして小学生の学習を中学生がサポートする実践に取り組んだ。市総合体育大会が行われる2日間を利用して，運動部以外の中学校2・3年生が小学校2年生の算数の授業のサポーターとして授業に参加した。また，小学校からの要請もあり，図画工作の静物画を描く学習に美術部の生徒がサポーターとして参加した。

　　　学習相談サポーターとして夏季休業中に，小学校で実施される学習相談に，中学生がサポーターとして参加した。中学生の学習サポーターの実践は，小学生の学力向上につながるだけでなく，中学生の学習に対する姿勢の向上にもつながったと考える。

▲授業サポーター

イ　国語部会の取り組み《テーマ：生活に生かせる表現力を育む言語活動の工夫》
　(ア)　テレビ会議を使った交流授業

　　　小中連携の柱として，互いの立場を理解し，意識し，尊重し合いながら「話すこと・聞くこと」に取り組むこととし，小学校5年生「ニュースを伝え合おう」と中学校2年生「聞き上手になろう」の交流授業を行った。

　(イ)　連携を意識した漢字力テスト

　　　小学校2年生から中学校3年生を対象に漢字力の検定テストを定期的に実施してきた。

▲交流授業

ウ　算数・数学部会の取り組み
　《テーマ：小学校から中学校への連続的な学びを育む授業形態の工夫～小中相互の訪問授業をとおして～》
　(ア)　学習の手引きの作成

　　　小中合同で，家庭学習への取り組み方やノートの取り方などの指針を示した「学習の手引き」を作成し配付した。

　(イ)　計算力テストの実施

　　　各学年の内容に合わせた計算力テストを毎月実施し，成績を集計した上で，年間をとおしての成績優秀者に賞を与えるという計画で，本年度は計算力テストを実施した。

(ウ)　小学校・中学校での訪問授業
　　　　小学校では，中学校教員による3年生，5年生の授業を行った。中学校では，1年生の選択数学に小学校教員が参加した。

　エ　英語・外国語活動部会の取り組み《テーマ：表現力の育成～聴く・話すことからの自己表現～》
　　　小学校の外国語活動に中学校の教員や中学生が参加する形を考えた。指導者にはT1として担任，T2として中学校の英語の教員，T3としてAETが参加した。さらに中学生が学習サポーターとして授業に参加することで，お互いにそれぞれの発達段階に応じてコミュニケーション能力を高められるようにした。

▲外国語活動

(2)「ようこそ！後輩，教えて！先輩」研究部
　ア　豊かな心部会の取り組み
　　《テーマ：児童と生徒の心豊かな人間関係の育成～選択技能教科における小中の交流をとおして～》
　　　(ア)　音楽部会の取り組み
　　　　小学校2年生117名と中学校3年生選択音楽生徒9名と一緒に合唱やリトミックなどを取り入れながら，感性を磨き，情操面を養いながら，発声やリズムや表現の技能向上をめざして実践してきた。
　　　(イ)　体育部会の取り組み
　　　　小学校4年生と中学校3年生の選択体育の生徒が単元をとおして，小中連携による学習を進めた。中学生が示範したり，児童一人一人に細やかな指導を行ったりすることができ，小学生の技能の向上がみられた。
　　　(ウ)　美術科，技術・家庭科と総合的な学習の時間での取り組み
　　　　小学校6学年の総合的な学習の時間と中学校3学年選択技術・家庭科，美術科の交流学習を行った。6年生はクラスごとに技術・家庭科，美術科の授業を1時間ずつ行い，中学生は同じ授業を3クラスで行った。

▲中学生の体育支援

　イ　いきいき部会としての取り組み
　　《テーマ：連続的な学びを支援する生徒指導の在り方》
　　　(ア)「やってみよう！守ってみよう！3つの誓い」
　　　(イ)　家庭で守る3つの約束
　　　(ウ)　小中連携あいさつ運動
　　　(エ)　小中連携道徳の授業づくり
　　　(オ)　交通安全教室

▲あいさつ運動

3　成果と課題

　　児童生徒は授業に対する基本的な態度，家庭学習の習慣化を図ることができた。また，小学生と授業やその他の交流をとおして，思いやりの気持ちが中学生に涵養されてきた。小・中学校の教師が一緒に授業に取り組むことで教師間の連携もうまく図れるようになった。今後，9年間を見通したカリキュラムの作成と小中一貫教育運営計画の確立が必要である。

第1章
小中一貫教育へのあゆみ

❷ 小中連携の模索

つくば桜並木学園

児童生徒の連続的な学びを育む小中連携の在り方
～2小1中の地域の特色を生かして～

1　身に付けさせたい力の明確化と組織づくり

　2つの小学校と1つの中学校との連携を図り、児童生徒に身に付けたい力として「関わる力」「表す力」「学び続ける力」を育てる。そして各学校の部会の活動と3校合同の部会の協議などを設け、全教職員が研究に携わるような組織にした。

2　実践

（1）関わる力の育成について

ア　小小連携での取り組み

　小小連携の取り組みの1つとして、5年生の社会科と総合的な学習の時間の環境に関連した内容で、「米づくり体験」を合同で行った。この活動は、その後、テレビ会議やスタディノート掲示板を使っての交流へと継続していき、同学年の横のつながりを深めた。

イ　小中連携での取り組み

　(ｱ)　中学生（陸上部）による陸上練習指導

　　6年生は、毎年5月に実施している市陸上記録会に向けて練習を行ってきた。今回の小中連携を機会に、中学校の陸上部の協力を得て本格的な指導を行った。

　(ｲ)　並木中学校区の地域の清掃活動

　　4年生は、2つの小学校とも環境をテーマに総合的な学習の時間の活動を行っていた。中学校1年生でも環境を大きなテーマに活動を行っていた。そこで、2小1中で連携して自分たちの地域の清掃活動を行った。

　(ｳ)　模擬授業（中学校一日体験）

　　中学校入学前の6年生を対象に、中学校の授業を模擬体験する取り組みも行った。各小学校の児童が交流でき、中学校の学習の仕方や心構えなどを学べるオリエンテーション的授業を展開した。

ウ　PTAの連携での取り組み

　帰国子女及び外国人の児童生徒が多く在籍している学校なので、各学校で日本語指導が必要な子どもたちにPTAボランティアが支援している。その3校のボランティアが集まり研修会を開いた。

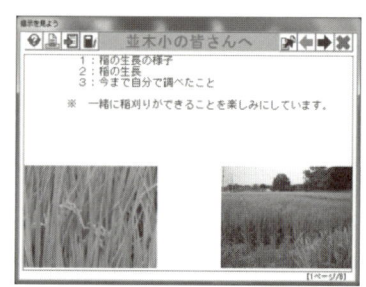

▲スタディノート掲示板

▲通学路の清掃

▲日本語指導ボランティア研修会

第1章
小中一貫教育へのあゆみ

2 小中連携の模索

(2) 表す力の育成について

ア 言語活動の充実を図り，児童生徒の表す力を高める取り組み

　言語活動の充実は，各教科を貫くものである。そのため，国語科で能力を培うとともに，その能力を，各教科並びに領域において活用していった。表す力を高めるために，小学校では，スピーチ，話し合い活動，話す，書く，音読，作文などを指導した。低学年では児童に発表の仕方，聴き方のポイントなどを指導し，基本的な表し方の流れを理解させた。さらに学年の発達段階に応じて視覚的な工夫などを加えた表し方，伝え方を指導した。

▲絵での表し方

イ 「表現する場を意図的に設定し，目的やねらいに合った表す力を育成すること」について

　各教科や総合的な学習の時間の授業で，お互いの考えや感情，調べたことや学んだこと，まとめたことなどを伝え合い表現することを重視して，授業の展開を工夫することで表す力の育成に取り組んだ。中学校での発表会に小学生を招待したり，中学生が小学校を訪ねて中学校の紹介をしたりして，その交流活動の中で表現力を高めていった。

▲「ようこそ先輩」
桜南小・並木小6年，並木中1年

(3) 学び続ける力の育成について

ア 「学び続ける力」を育てる連続性と系統性のある授業づくり

　3校の教職員が，相互に授業研究や校内研修に参加し合い，教職員の資質の向上を図ることで，「基礎的・基本的な知識技能の習得」「思考力，判断力，表現力などの育成」「学習意欲の向上や学習習慣の確立」を図ることに力を入れ，義務教育9年間を見通した授業づくりを行った。

イ 「学びのすすめ」と「教師用活用の手引き」について

　児童の実態に合わせて指導するための「学びのすすめ」を3校の教室に掲示した。また，「学びのすすめ」が有効に活用されるように，教師用の「活用の手引き」を作成した。

▲並木中での校内授業研究交流

ウ 小学校高学年における一部教科担任制の実施について

　教材研究の効率化を図り，授業準備の時間を確保することで，児童一人一人に対応した学年全体の児童理解を図った。また，複数の教師が組織的に指導することで児童一人一人を多面的にとらえ，児童のよさや可能性を引き出しながら，思春期を迎えて複雑な心理状態にある高学年児童の悩みへの対応や問題行動の早期発見と未然防止を図った。さらに，複数の教師の指導に慣れることで中学校への円滑な適応を図った。

3　成果と課題

　小学校間で関わる機会を設定することで，同一学年児童の結び付きと横の連携を築くことができた。また，小・中学校間で関わる機会を設定することで，児童生徒が相互に親しみと信頼で結ばれた。また，児童生徒は小小，小中の交流をとおして，思いや考えを伝えようとする気持ちが育った。「学びのすすめ」をつくり，学区内の小・中学校が共通して取り組むことで，児童生徒に主体的な学びの基礎を築くことができた。今後は，さらなる学校のオープン化と児童生徒の情報の共有を進めていきたい。

第1章
小中一貫教育へのあゆみ

3 連携から一貫へ

つくばAZUMA学園

連続的な学びを創造する小中一貫教育（施設分離型）の在り方
～小中9年間をとおして身に付けさせたい力を明確にした全校的な取り組み～

1 学園の特色

小中一貫教育に取り組んで，今年度で4年目となる。今までに積み重ねてきた研究と実績を生かし，普段の学校生活の中で小中一貫教育を実践している。

2 テーマ設定の理由

つくばAZUMA学園では小中一貫教育を始めるにあたり，児童生徒へのアンケート調査を実施したり，職員の合同会議を行ったりして，吾妻小中学校のめざす方向を明確にしていくこととした。その結果から，次の3つのことを連携のねらいとしてとらえた。1つ目は，小中接続時の児童生徒の不安を解消すること。2つ目は，生涯にわたって学んでいこうとする意欲をもつ確かな学力を育成すること。3つ目は，他を思いやる心ややりぬく意志をもつ豊かな人間性を育成すること。そして，ねらいを達成するために，身に付けさせたい力を明確にして小中の接続部だけでなく全校として取り組むことで，小中9年間が一貫性をもち，児童生徒の連続的な学びにつながると考え，このテーマを設定した。

3 身に付けさせたい力の明確化と組織

先にあげた連携のねらいに，吾妻小が求める児童像と吾妻中がめざす生徒像を重ねて，児童生徒に身に付けさせたい力を明確にしようと考えた。そこから身に付けさせたい力として，「学び続ける力」「感じる力」「なしとげる力」の3つを設定した。そして，それぞれの力ごとに部会をつくり，活動計画の作成やその実践を行った。

まず，学び続ける力部会では，児童生徒の興味関心や学園の抱える課題などを考慮し，国語，理科，英語の3教科を選びワーキンググループを設定し，交流授業などを行った。

次に感じる力部会では道徳，学級活動，総合的な学習の時間を中心に活動を進めるようにした。道徳・学活ワーキンググループでは，道徳と学級活動，学校行事の連携を図り，9年間の積み重ねで思いやりの心を育む活動の計画を作成した。総合ワーキンググループでは，環境教育を柱とする総合的な学習の時間の小・中学校のカリキュラムを検討し，児童生徒の実態にあった取り組みを計画的に行うようにした。

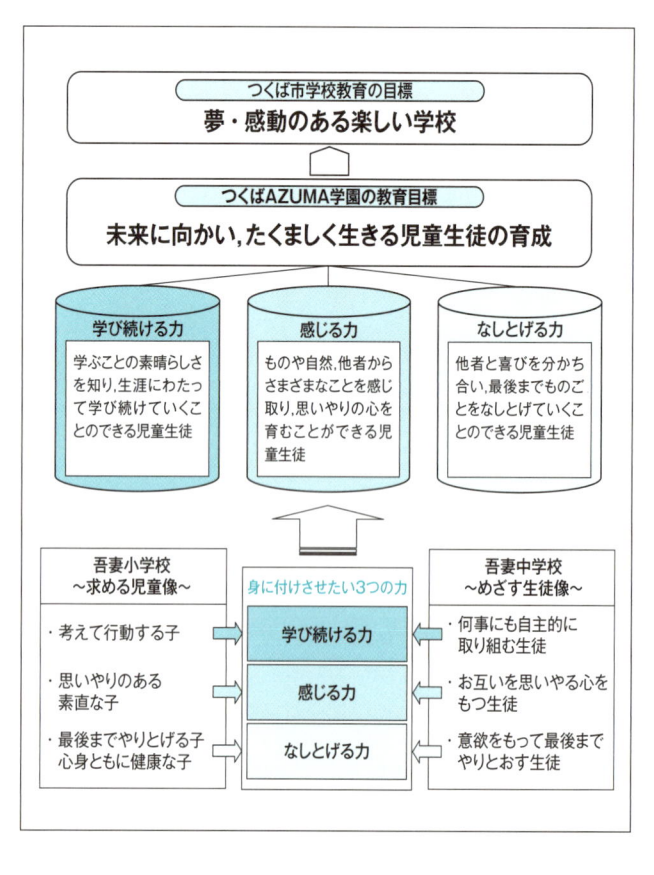

最後に，なしとげる力部会では，年間をとおしてさまざまな行事で交流を深めていくこととした。交流をとおして，実践力を養うとともに，児童生徒が小中一貫教育のよさを直接，実感できるようにした。

4 実践

(1) 縦割り班活動を意識した取り組み

小学校では1年生から6年生までを60の班に分けて，縦割り班の活動を行っている。特に1年生と6年生のつながりは深く，入学当時からの朝の読み聞かせ，給食準備や体力テストのお手伝いなど多くの活動を一緒に行っている。この流れを中学校卒業まで大切にすることで，生徒がやさしさや思いやりの心をもつことができると考え，小・中学生の交流の場を意識して設定している。これは2年生と7年生による地域清掃を中心とした「さわやか活動」につながり，3年生と8年生によるサイエンスデー，そして9年生の卒業時に4年生による卒業を祝うビデオレターと続いていく。小中の接続部である5年，6年，7年に限定することなく，児童生徒が，9年間，小中のつながりを忘れないでいくためにも有効な手立ての1つであると考える。

▲2年生と7年生によるさわやか活動

(2) 小中一貫から卒業後まで見通した環境教育

総合的な学習の時間では，環境教育を柱として3年生から9年生までの活動内容を連続的なものにした。連続性を意識し，調べてまとめた内容を下の学年に発表する機会を設けている点が特徴である。右下の写真は7年生が6年生に対して学習した内容を発表しているところである。

今年度は小中一貫教育を意識しながら，中学校卒業後に関わる高等学校，大学及び地域にまで学習したことがつながっていけるように，つくば市の次世代環境教育カリキュラムを自校化しながら学習を進めている。地域の教育資源を活用し，大学生や研究者，地域に住むさまざまな人とのかかわりを広げていく中で，社会で自立して生きていく基礎づくりをめざしている。

▲3年生と8年生によるサイエンスデー

▲総合的な学習の時間での発表会

5 成果と課題

小中一貫教育を進めてきた成果として，年を経るごとに中学校入学前に中学校に対しての不安を覚える小学生の割合は減少してきている。また，思いやりの心を育むことを中心とした豊かな人間性の育成についても，成果が見て取れるようになってきた。今後も9年間が連続性をもち，児童生徒のよりよい成長につながっていく小中一貫教育の在り方を追究するため，日々の活動の結果を検証し，実践を重ねていく必要がある。

第1章
小中一貫教育へのあゆみ

3 連携から一貫へ

つくば竹園学園

「9年間でめざす竹園の児童生徒像」に迫るための小中一貫教育の推進

1　学園の特色
　本学園は学園都市の中心に位置し，伝統的に自主的な学習や生徒会活動が営まれてきた。本学園の児童生徒は創設時より学力及び保護者の教育への関心が高い。児童生徒の中には，将来，日本のリーダーとして国際社会で活躍するであろう人材もいる。

2　テーマ設定の理由
　本学園の実態を踏まえ，本校の課題である「学力向上」達成には「教師の授業力の向上」が不可欠であり，教師の授業改善の視点として小中一貫教育を推進することが必要となった。そのための共通のめあて「9年間でめざす竹園の児童生徒像」が策定され，小中一貫教育をとおして，その具現化をどのように図るかを追究するために，本テーマを設定した。

3　身に付けさせたい力の明確化と組織
(1)「9年間でめざす竹園の児童生徒像」の策定（めあての共有化）
　　大テーマ　◎竹園から世界にはばたく児童生徒の育成
　　小テーマ　○国際社会で活躍できる生徒
　　　　　　　○自ら学び続ける生徒
　　　　　　　○思いやりの心がある児童生徒

(2) 小学校から中学校までの9年間を3つの段階に分けてとらえる
　ア　1年〜4年：基礎段階
　イ　5年〜7年：充実段階
　ウ　8年〜9年：発展段階

(3) 研究の組織
　ア　学びを深める部会………授業交流を中心とする
　イ　心をつなぎ合う部会……総合的な学習の時間や学校行事での交流を中心とする

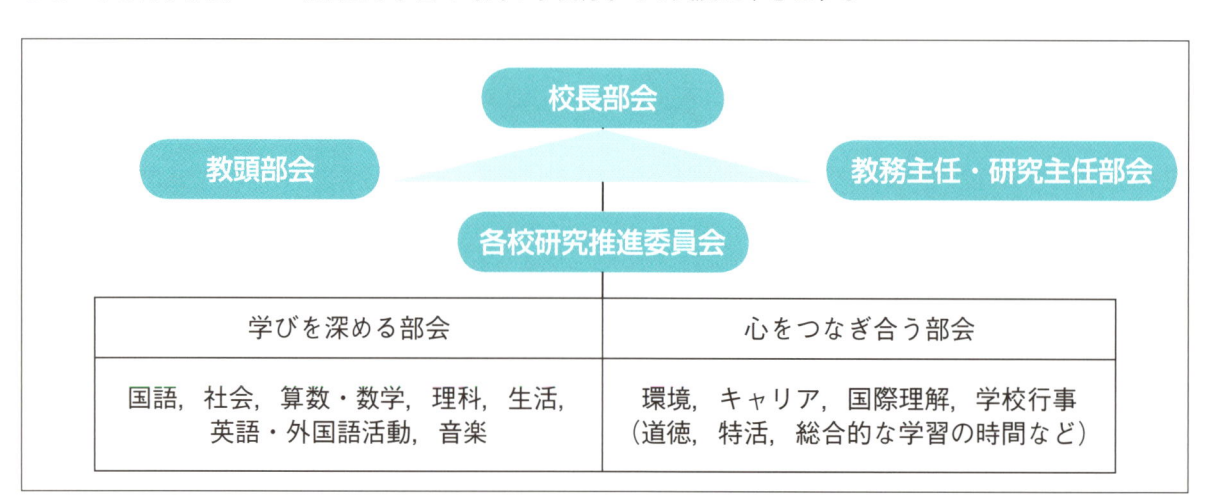

▲学園内職員研修

学びを深める部会	心をつなぎ合う部会
国語，社会，算数・数学，理科，生活，英語・外国語活動，音楽	環境，キャリア，国際理解，学校行事（道徳，特活，総合的な学習の時間など）

（組織図：校長部会／教頭部会／教務主任・研究主任部会／各校研究推進委員会）

第1章 小中一貫教育へのあゆみ

3 連携から一貫へ

4 実践

(1) 学びを深める部会の実践

ア 学力向上のための「重点単元」の設定と授業実践

本学園では定期的に，教科部会で「重点単元」を設定し，9年間の学習を基礎段階，充実段階，発展的な段階の3段階としてとらえ，研修を進めている。この「重点単元」の授業を3校の全教職員が合同研修会で検討し，授業実践を行っている。

イ 外国語活動・英語科の実践

(ア) 1年生「かるたゲーム」

読み手の教師が，"dog""pencil"などの英単語を読み，児童がそれを聞いて絵札を取るというゲームをとおして，児童が外国語に慣れ親しむことができるような活動を行う。

(イ) 5年生「自己紹介をしよう」

「Do you like～?」「Yes, I do.」「No, I don't.」の英語表現に慣れ親しませるために，王様ゲームの中で繰り返し会話するルールをつくって，友達やAETとコミュニケーションを図る。

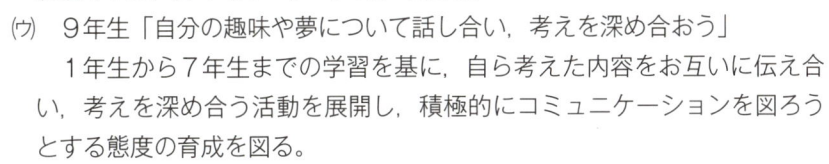

(ウ) 9年生「自分の趣味や夢について話し合い，考えを深め合おう」

1年生から7年生までの学習を基に，自ら考えた内容をお互いに伝え合い，考えを深め合う活動を展開し，積極的にコミュニケーションを図ろうとする態度の育成を図る。

▲外国語活動

(2) 心をつなぎ合う部会の実践

ア キャリア教育合同学習会（6年生と8年生）を実施
イ 特別支援学級合同学習会（ゆかりの森にて）を実施
ウ 小学校陸上記録会に向けての合同練習会実施

▲陸上合同練習会

5 成果と課題

(1) 成果

ア 中1ギャップの解消に役立った（児童生徒アンケートより）。
　・入学説明会で中学校の様子がよくわかった。
　・中学生の合唱を聴いて「こんな中学生になりたい」という意識が高まった。

イ 7年生がスムーズに中学校生活をスタートできた。小・中学校情報交換会によって配慮を要する生徒へのより適切な対応を工夫できるようになった（職員アンケートより）。
　・中学校入学後の不登校生徒が減少した。（平成22年度，9名　→　平成23年度，4名）
　・授業交流により小学校の授業の進め方や内容を中学校の授業に生かせた。
　・小学生に中学校の活動を伝える活動により，プレゼンテーション能力が向上した。

(2) 課題

ア お互いの授業を参観し合う時間の確保
イ 教員の意識の問題
ウ つくば市の重点施策との関連の問題

第1章
小中一貫教育へのあゆみ

3 連携から一貫へ

つくば百合ヶ丘学園

児童生徒が生き生きと活動し，学び合う小中連携の在り方

1　学園の特色

　つくば百合ヶ丘学園は，つくば市の北部に位置し，田畑の多い地域である。3小学校と1中学校があり，全て小規模校で距離の離れた場所にある。児童は6年間クラス替えがなく学校生活を過ごし，ほとんどが筑波西中学校に進学する。児童生徒は全体的に素直で協調性があり，また，各家庭は学校教育に対して協力的である。

2　テーマ設定の理由

　児童生徒の全体的な特徴として，教師から指示されたことには真面目に取り組むが，自主性や積極性がやや乏しい。また，小規模校のため人間関係が固定化しやすく広がりに欠ける面が見られる。これらの課題に適切に対応するためには各小・中学校が互いの教育活動を理解し，連携を密に図っていくことが大切である。9年間を見通した教育計画を構築し，児童生徒の交流を図ることで，自ら考え学び合う意欲や態度を育てていくため，本テーマを設定した。

3　身に付けさせたい力の明確化と組織

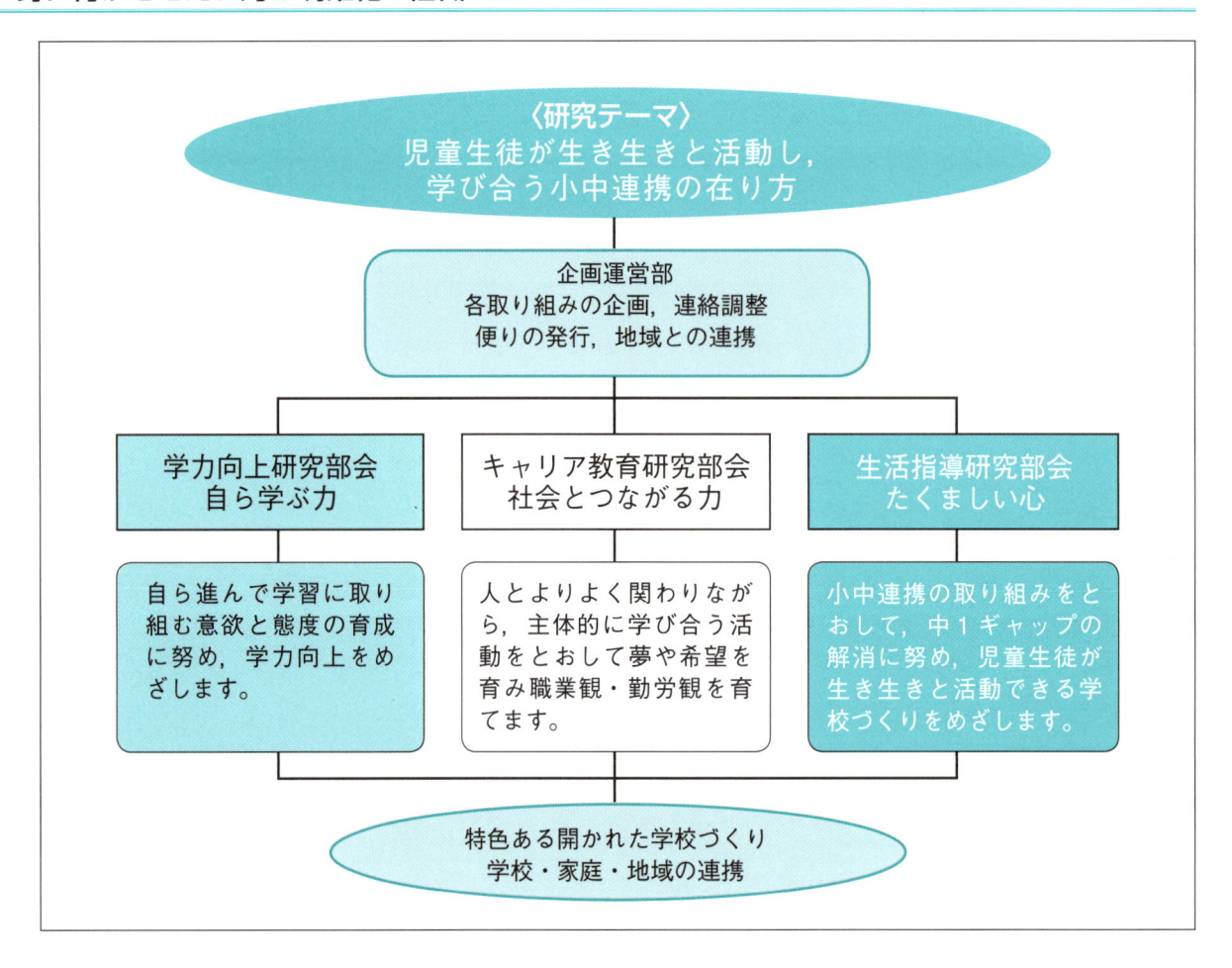

```
                〈研究テーマ〉
         児童生徒が生き生きと活動し，
          学び合う小中連携の在り方

                 企画運営部
            各取り組みの企画，連絡調整
            便りの発行，地域との連携

  ┌─────────────┬─────────────┬─────────────┐
  学力向上研究部会    キャリア教育研究部会   生活指導研究部会
    自ら学ぶ力        社会とつながる力      たくましい心

  自ら進んで学習に    人とよりよく関わりな   小中連携の取り組みを
  取り組む意欲と態    がら，主体的に学び合   とおして，中1ギャップ
  度の育成に努め，    う活動をとおして夢や   の解消に努め，児童生徒が
  学力向上をめざし    希望を育み職業観・勤   生き生きと活動できる学
  ます。             労観を育てます。       校づくりをめざします。

              特色ある開かれた学校づくり
               学校・家庭・地域の連携
```

第1章
小中一貫教育へのあゆみ

3 連携から一貫へ

4 実践

(1) 企画・運営部会
ア 研究の方向性の策定
イ 小中一貫便りの発行
　＜つくし便り＞……保護者，学区内全戸配付
　＜百合ヶ丘通信＞…教職員配付
ウ 3部会の連絡調整
エ 百合ヶ丘学園全体研修会の実施

(2) 学力向上研究部会
ア 9年間を見通した「家庭学習の手引き」の作成・活用，基本的な授業スタイルの確立
イ 6年生の中学校一日体験学習
ウ テレビ会議を活用した学習
エ 中学校教員による出前授業
オ サマースクールにおける中学生の「学習ボランティア」
カ 「議論する力」を高めるための「百合ヶ丘スタディ」における授業実践

▲学習ボランティア

(3) キャリア教育研究部会
ア 9年間を見通した計画を作成
　・キャリア教育プラン
　・年間カリキュラム
　・各教科におけるキャリア教育の目標
イ 企業の開発した学校教育プログラムを活用した授業実践
ウ 中学生による小学校高学年向けの「職場体験発表会」の実施

▲職場体験発表会

(4) 生徒指導研究部会
ア 「基本的生活習慣の確立」のための生活チェック表の活用
イ 保護者との連携による食育授業の実践
ウ 「小中合同あいさつ運動」
エ 小小・小中合同授業をとおしての人間関係づくり
オ 旧6年担任と7年生担任による児童生徒の情報交換会
カ 小・中学校生徒指導主事の連携

▲小中合同あいさつ運動

5 成果と課題

(1) 小小，小中合同授業をとおして，児童生徒の学習意欲が高まり人間関係の広まりがみられた。
(2) 教職員の相互交流が深まり，児童生徒に関する情報交換が日常的に行われるようになった。
(3) 学校間に距離があるため，直接交流の場面が限られる。ICT機器の有効活用が必要である。
(4) 9年間を見通し，教育課程を円滑に接続するために，4校が調整した指導計画の作成が必要である。

第1章
小中一貫教育へのあゆみ

4 小中一貫教育完全実施へ

1 小中一貫教育完全実施に向けて

　前段で具体的事例を紹介したとおり，つくば市では，平成20年度からの準備期間を経て，つくば市の小中一貫教育実施に向けて模索，検討，連携と研究のあゆみを進めてきた。

　平成20年度は，吾妻中学校区で先導的に実践研究を開始した。小学校における教科担任制の試験的導入，生徒会交流，テレビ会議での教員交流などを実施し，実践事例を集積した。

　平成21年度は，引き続き，吾妻中学校区で継続的に実践研究をするとともに，2小1中連携タイプとして並木中学校区における実践研究，中学校選択教科における小学校との連携，中学校教師によるティームティーチング（TT）などを高崎中学校区において研究を開始した。

　それらの成果をもとに，平成22年度には，並木中学校区，高崎中学校区に合わせ，3小1中連携タイプの筑波西中学校区においても実践研究を開始した。特に，1中学校に対して複数の小学校が連携し，かつ，各学校の物理的距離の遠さについての対応方法を検証する事例として取り組んだ。

　平成23年度には，「小中一貫教育へのステップ2011～」（P.22～23）を作成し，市内の全中学校区の小中一貫教育開始への足並みの統一と整理がされた。平成23年度末には，ステップ1（一貫準備期）の段階に，全ての学校が到達した。

　そして，平成24年4月から，市内全小・中学校53校の15学園において，小中一貫教育を開始したのである。つくば市の小中一貫教育の施設体制については，下図のとおり2つに大別される。14学園が施設分離型であり，1学園のみ施設一体型になる。施設整備には課題を残しているが，9年間の連続した学び，確かな学力の育成に視野をおき，教育内容の充実を図りながら，小中一貫教育を実施している。

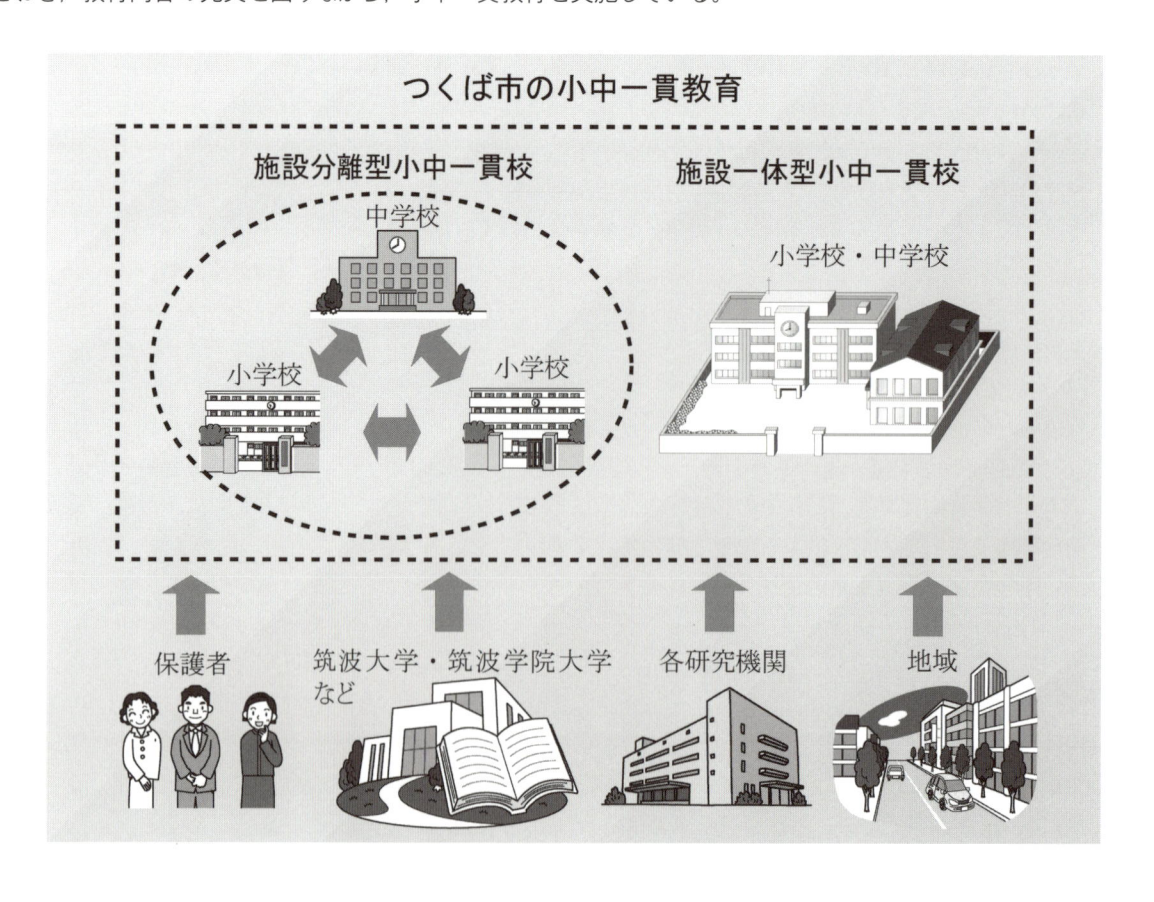

第1章
小中一貫教育へのあゆみ

4 小中一貫教育完全実施へ

2 小中一貫教育へのステップ表とは

　つくば市では，教育行政に対する思いとして，「つくば市のどこに住んでいても，同じ質の高い，子どもの未来を育む教育を提供する」という思いがある。昭和62年に最初の市町村合併でつくば市が誕生し，その後，2度の合併を経て，平成24年度に市制25周年を迎える。合併を期に市域は拡大し，研究学園都市と言われる市中心部と周辺部では，住環境や自然環境，歴史文化など地域特性と考えている差違が生じている。
　そのような市全体の環境において，つくば市では，全ての子どもたちに「夢・感動のある　楽しい学校」を提供し，学びの時間の創造，子どもたちの可能性を育んできた。子どもたち自身が未来を描いていく力を身に付けてもらうために，教育の質の保証と充実は絶対的な課題であると認識して，教育行政を展開してきた。
　このような思いから，市域が広いこと，中学校区により小学校数が異なることなどの物理的な課題を乗り越えて，より充実した教育を提供するために，市内全学校区において一斉に小中一貫教育を開始したのである。小中一貫教育へのステップ表は，地域特性が異なり，個々のカラーをもった小・中学校にとって，小中一貫教育を開始するための総括的な進み方を示すための羅針盤的な役割を占めている。これをもとに，市内全学校，全教員が一丸となって，小中一貫教育の実施に向けて，歩んできたのである。

3 小中一貫教育と「つくばスタイル科」について

　つくば市のめざす小中一貫教育とは，「共通の教育目標，指導内容，指導方法を設定し，それらを小・中学校の全職員が理解し，さらに，小・中学校の保護者・地域の協力のもとで実施される教育」と定義する。
　その実現のために，4つの基本構想の柱がある。第1に「学習指導要領に沿いつつ，『教育課程特例校』の制度を活かして推進する。」，第2に「施設分離型及び施設一体型小中一貫校のそれぞれの特長を生かし，保護者の協力，地域・大学・研究機関との連携を図りながら推進する。」，第3に，「9年間を見通した弾力的・効果的な教育課程を編成・実施する。」，第4に「6－3年制を基盤としつつ，児童生徒の心身の発達に合わせられるように4－3－2年の区切りを取り入れ，発達段階を考慮した集団生活，学習集団の弾力的な編成をする。」である。
　これらの4本の柱を実施するために，平成24年度の市内全小・中学校一斉に小中一貫教育を開始する時期に合わせて，つくば市独自の新しい教育課程である「つくばスタイル科」を新設した。「小中一貫教育」を支える「つくばスタイル科」は，子どもたちを「知と心の調和とグローバルな視点とを兼ね備えた」つくば市民に育成することをねらいとしている。
　第2章では，小中一貫教育の具体的な実践事例，第3章以降では，「つくばスタイル科」のカリキュラム内容について紹介をしていく。

第1章 小中一貫教育へのあゆみ

4 小中一貫教育完全実施へ

小中一貫教育へのステップ2011～

	学校経営方針 めざす子ども像	学校運営面	学習指導 ■9年間を見通したカリキュラム ○合同授業づくり ★評価
ステップ0 一貫教育前	■各校がそれぞれに設定	■各校がそれぞれの取り組み	■各校がそれぞれの取り組み
ステップ1 一貫準備期	■学校長間で情報交換,経営方針・子ども像などの部分共有化 ※共有できる部分から一貫を始める	■学校長間の情報交換を受けて,教頭会,教務主任会を中心として一貫校間の連絡調整 ■小学校5・6年生の一部教科担任制の実施	■9年間を見通した各教科等の領域・単元別学習内容系統表の作成 ○相互授業参観（1〜2教科程度） ○授業の約束（授業展開,学習のきまり,板書など）の共有化 ○年に1回,1教科程度の小中教員によるティームティーチング授業 ○9年間を見通した家庭学習の在り方の検討
ステップ2 一貫開始期 （平成24年度）	■9年間を見通した学校経営方針を学校長間で協議して示す ※各校で進めてきた「特色ある学校づくり」によって形成された"学校文化"は継承	■一貫校の教務主任間での行事予定表・日課表などの工夫 ■中学校区内小学校間の共通実践項目の設定	■9年間の視点から小中の学習指導要領の理解 ○相互授業参観（複数教科） ○年に数回,1教科程度の小中教員によるティームティーチング授業
ステップ3 一貫推進期	■新たな経営方針・子ども像を一貫教育の校長間で構築 ※各校で進めてきた「特色ある学校づくり」によって形成された"学校文化"は継承	■小中の「つながり」を考えた学校教育目標の設定	■9年間の視点から,授業研究をとおした小中の教科書研究,教科指導方法の研修,評価の研修 ○合同授業研究会（1〜2教科程度） ○小中教員によるティームティーチング授業（1〜2教科程度） ○家庭学習の手引き ・小中9年間で段階的なもの
ステップ4 一貫強化期	■9年間を見通した学校経営方針に基づき, ・学年目標,学級目標 ・校内研修の方針 ・生徒指導の方針 ・PTA運営方針 ・その他 を一貫校の担当者で協議し,従前の方針を改善	■小中の「つながり」を探る指導計画の作成 ■時間割の工夫 ■9年間を発達区分に応じて意識的に分けた教育活動 ■小中一体化をめざした校務分掌 ■一部兼務辞令 ■中学校区内小学校間の共通実践項目の評価	■9年間を見通した系統表,学習指導要領解説編の理解・実践 ○合同授業研究会（複数教科） ○定期的な小中教員によるティームティーチング授業（複数教科） ○教科指導法改善の実践 ・授業改善メソッドなどの改善・充実 ★一貫教育における評価の研究
ステップ5 一貫完成期	■「夢・感動のある楽しい学校」をめざし,小中一貫教育（連携型または併設型）による,全ての教育活動の実践	■統一性のある整合した学校教育目標 ■小中をつなぐ指導計画の実践 ■小中一体化した校務分掌 ■小学校での教科担任制の充実 ■兼務辞令 ■9年間の発達区分に基づく教育活動	■9年間を見通した系統表,学習指導要領解説編の理解・実践 ○定期的な合同授業研究会（複数教科） ○年間計画に基づく小中教員によるティームティーチング授業（複数教科・複数学年で） ○教科指導法改善の実践強化 ・授業改善メソッドなどの恒常的な活用 ★一貫教育における評価の研究実践

～9年間の連続した学びのある教育～

特別活動など ■学校行事 ○生徒会・児童会活動 ★部活動	生徒指導 特別支援 ■情報交換 ○共通理解・実践 ★指導計画	校内研究 研修会 ■情報交換 ○研修 ★研究	地域連携 PTA
■入学説明会	■学警連での情報交換・共有	■各校がそれぞれの取り組み	■単Pでの活動または地域で一体的に取り組むPTA活動
■年1回程度の行事連携 ○生徒会・児童会活動での相互交流（クリーン作戦，あいさつ運動など）	■一貫校間での児童生徒の情報交換 ■一貫校の生徒指導主事による生徒指導関連の打ち合わせ	■合同・連携行事などの打ち合わせ会議	■単Pでの活動または一体的に取り組むPTA活動 ■PTA及び地域へ小中一貫教育について説明
■学期1回程度の行事連携 ○児童会・生徒会活動連携開始 ★部活動紹介・一部体験	○生徒指導・特別支援教育などの打ち合わせ（配慮を要する児童生徒） ○長期休業中のきまりなどの共通理解	■テレビ会議を活用した情報交換 ○年1回の合同研修（テーマ例：各教科の学力形成における小中一貫教育）	■各校PTAが連携して取り組むPTA活動 ■PTA及び地域へ小中一貫教育開始の連絡，授業公開の実施 ■地域教育懇談会などの定期的開催など
■年数回程度の行事連携 ■学校行事で定期的な児童生徒の交流 ○児童会・生徒会活動の連携の推進 ○縦割り班による児童生徒の活動検討 ○中学校区内小学校間の連携検討 ★部活動体験	■スクールカウンセラーなどを交えての情報交換 ○生徒指導主事による生徒指導連絡協議会 ○生徒指導法の小中教員の共通理解 ○特別支援教育合同学習会の実施 ★長期休業中のきまりなどの事前検討 ★小中共通の生徒指導記録の検討	■テレビ会議を活用した情報交換 ○年2回程度の合同研修（テーマ例：各教科の学力形成における小中一貫教育） ○小中一貫強化に向けての校内研修体制づくり	■定期的な小中PTA連絡協議会（合同役員会など），公開授業 ■地域教育懇談会などの定期的開催及び長期的展望に基づく提言
■年間をとおした児童生徒の学校行事の共同企画による参加・交流・係活動 ○児童会・生徒会活動連携強化 ○9年間の縦割り班による児童生徒の活動実践 ○中学校内小学校間の連携推進	■小中のスクールカウンセラーの情報交換，活用推進 ○教頭・教務主任・生徒指導主事などによる定期的な生徒指導協議会 ○生徒指導法に関する共通理解・共通実践の推進 ★9年間を見通した生徒指導系統表，基本的生活習慣指導系統表の検討 ★小中共通の生徒指導記録の充実	■テレビ会議を活用した日々の情報交換 ○学期数回の合同研修 ○小中一貫教育に向けての校内研修推進 ★研究目標の統一に向けての連絡・調整 ★組織を統一した研究部会議	■小中一貫教育運営協議会（学校，PTA） ■一部組織の準統一化 ■保護者会などでの意見・要望などを収集 ■地域教育懇談会などの定期的開催及び長期的展望に基づく提言
■学校行事の工夫 ■年間の活動としての発達区分別の児童生徒の参加による集会活動や係活動 ○児童会と生徒会による年間をとおした活動 ○中学校区内小学校間の連携充実	○定期的な合同生徒指導協議会 ○生徒指導法に関する共通理解・共通実践の改善と充実 ★小中合同の「今月の目標」の設定と指導 ★9年間を見通した生徒指導系統表，基本的生活習慣指導系統表の作成と実践	■テレビ会議を活用した日々の情報交換 ■定期的な合同職員会議 ○★定期的な合同研究・研修 ★定期的な校内授業研究会 ※長期休業中における中期（小5～中1）担任打ち合わせ	■小中一貫教育運営協議会（学校，PTA） ■一体化したPTA組織 ■合同PTA通信の発行 ■地域教育懇談会などの定期的開催及び長期的展望に基づく提言

第2章 小中一貫教育の実践

1 9年間の学びの連続性

　学園内で，義務教育9年間を貫いて共通の「目標・指導内容・指導方法」を設定する。市のめざす小中一貫教育とは，それらを学園の全教職員に共通理解され，さらに，学園の保護者・地域のもとで実施される教育である。

資料1

9年間の義務教育に小中の教員が責任をもつ

1. 9年間の教育をとおして身に付けさせたい力…めざす子ども像の共有化・系統化
2. 教育指導の連続性，持続性による個に応じたきめ細やかな教育の推進
3. 9年間を見通した弾力的・効果的な教育課程の編成
4. 教科の専門性を生かした小学校第5・6学年への教科担任制の導入
5. 発達段階を考慮した弾力的な生活集団，学習集団の再構築

資料2

発達に合わせ確かな学力の育成

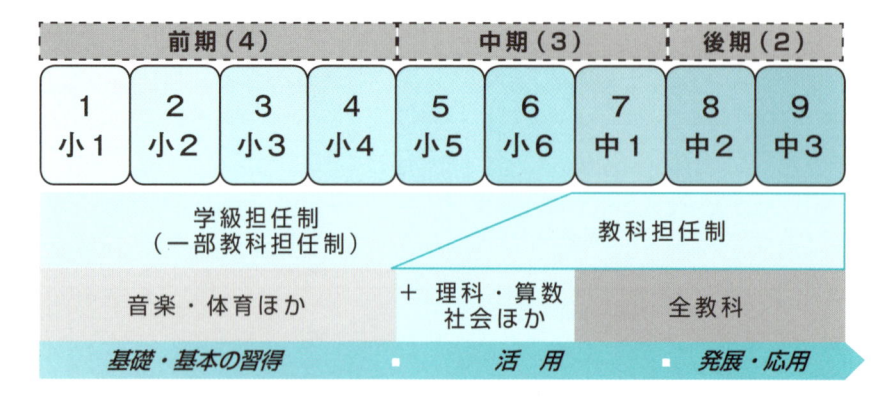

前期（4）				中期（3）			後期（2）	
1 小1	2 小2	3 小3	4 小4	5 小5	6 小6	7 中1	8 中2	9 中3

学級担任制（一部教科担任制） → 教科担任制

音楽・体育ほか ＋ 理科・算数 社会ほか　全教科

基礎・基本の習得 → 活用 → 発展・応用

- 6－3年制を基盤としつつ柔軟な発想・弾力化
- 学ぶ意欲を高め，質の高い確かな学力を育成

第2章 小中一貫教育の実践

2 小学校教科担任制と中学校教員による小学校ティームティーチング授業

教科担任制を取り入れることで，児童にとっては小学校でも専門的な指導が受けられるようになる。また，教師にとっては，教科の専門性を生かすことで学習指導が充実し，教師の児童生徒に対する対応がきめ細やかになる。

資料1

小学校教科担任制

小学校高学年を一部教科担任にすることで，一人で学級を担当するのではなく，多くの教員の目で児童を見守ることができる。さらに，複数の学級を担当することで，これまで以上に深く教材研究を行うことができる。

▲小学校外国語活動担当 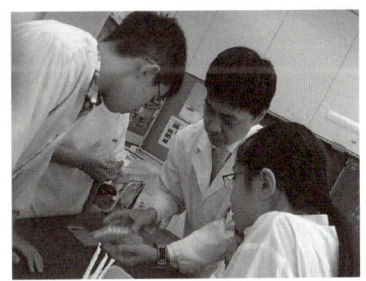　　▲小学校理科教科担任

資料2

中学校教員による小学校でのティームティーチング授業

中学校各教科の免許をもつ教員が，小学校高学年において専門教科を担当することで，よりよい専門性の高い授業を行うだけではなく，児童に対して魅力ある授業を展開することができる。

▲中学校教員による音楽の授業 　　▲中学校教員による算数の授業

第2章
小中一貫教育の実践

③ 小・中学校交流授業

　学園内の小学校同士の授業交流を行うことで，小学校間の学習内容の共有化を図ることができる。また，小・中学校の交流授業は，小・中学校の系統的な学習を重視する実技をともなう教科での交流が効果的である。小学生は中学生による支援を受けることで，技能面の向上が見られた。また，中学生は自分の身に付けた技能を発揮できるよい機会となった。

資料1

小・小交流授業

- 同一中学校区の小・小連携（学習内容の共有）
- 小・中の系統的な体験学習

　桜南小学校では，米づくり体験を行っていたが，並木小学校では米づくり体験を実施していなかった。そこで，2校合同田植え体験などを行った。また，並木中学校の生徒が体験している農業体験を合わせて，学園内合同の農業体験発表会を実施するなど，小学生が身に付けるべき学習内容の統一を図っている。

▲合同田植えの様子

小・小合同田植え体験
⇩
中学校での農業体験
⇩
課題発見，課題追究

資料2

小・中交流授業

　実技をともなう学習（体育，音楽，図画工作など）では，一人一人の技能が違うため個別学習が有効である。そこで，中学生に小学生の授業の支援に入ってもらうことで，小学生にとっては技術の向上が図られ，中学生にとっては身に付けた技能を発揮できる場となっている。

▲小学校音楽での中学生による支援 　　▲小学校体育での中学生による支援

第 2 章
小中一貫教育の実践

4 ICTによる時間や空間の壁を超えた一貫教育の実現

　小中一貫教育を進めていく上で，施設分離型小中一貫校では小学校間または小・中学校間で協働学習を行う場合には，ICTを活用することで，時間と空間の壁を超えることができる。テレビ会議では互いを見合いながら協働学習を進めることが可能であり，スタディノートの掲示板を活用することで協働学習が展開できる。

資料1

テレビ会議を使った小中の合同学習

　互いの立場を理解し，意識し，尊重し合いながら「話すこと・聞くこと」に取り組むことをねらいとして，小学校5年生「ニュースを伝え合おう」中学校2年生「聞き上手になろう」という国語の単元の交流授業を行った。授業の場の設定しては，テレビ会議を活用し，小中それぞれの学校を結んで行ったため，学校間の移動時間を省き，時間を有効に活用することができた。

▲ ICTにより時間・空間の壁を克服

資料2

スタディノート掲示板を使った協働学習

　教育用グループウェア（スタディノート）の掲示板機能を活用することで，市内全小・中学校での協働学習ができる。
　掲示板機能では，他校の児童生徒からの考えや意見，アドバイスをもらうことができる。

▲全小・中学校で協働学習が可能

第2章
小中一貫教育の実践

5 小・中学校教員の連携

中学校教員が小学生への支援を行うことで，より専門性の高い教育活動を展開することができる。また，学園内の教員同士の会議を，テレビ会議を活用することで，時間を効率的に活用することができ，綿密な打ち合わせが可能となる。

資料1

中学校教員による夏季教室

中学校教師による専門性の高い教育活動を行うことで，小学生は中学校への期待を高め，意欲的な取り組みが見られるようになる。

- 絵画教室
- 科学実験教室
- 自由研究支援

　など

▲絵画教室の様子

資料2

テレビ会議による教師の打ち合わせ

小学校同士，小・中学校の教師が，互いの学校に出張しなくても，顔を見ながら気軽に会議や打ち合わせを行うことができる。時間と空間の壁を超えることで，効率的に業務を進めることができる。

一貫教育の基盤は，
日常的な意思疎通

▲テレビ会議での打ち合わせの様子

第2章 小中一貫教育の実践

6 幼稚園，中学校，高等学校，大学，地域との連携（開かれた学校）

　小中一貫教育を進めるためには，小・中学校のみの連携ではなく，幼稚園と小学校，幼稚園と保育所，中学校と高等学校，さらには大学や地域との連携が必要である。そして，市内53小・中学校においては開かれた学校をめざして，各校でのさまざまな取り組みをホームページにおいて常に更新し，保護者や地域に公開している。

資料1

さわやかマナーキャンペーン

　幼稚園，保育所，小学校，中学校，高等学校の保護者が合同であいさつ運動を展開している。

学校を核として
地域が連携

地域づくり
豊かな心の育成

▲あいさつ運動の実施

資料2

▲つくば市公立学校のホームページ例

29

第2章
小中一貫教育の実践

7 学園紹介

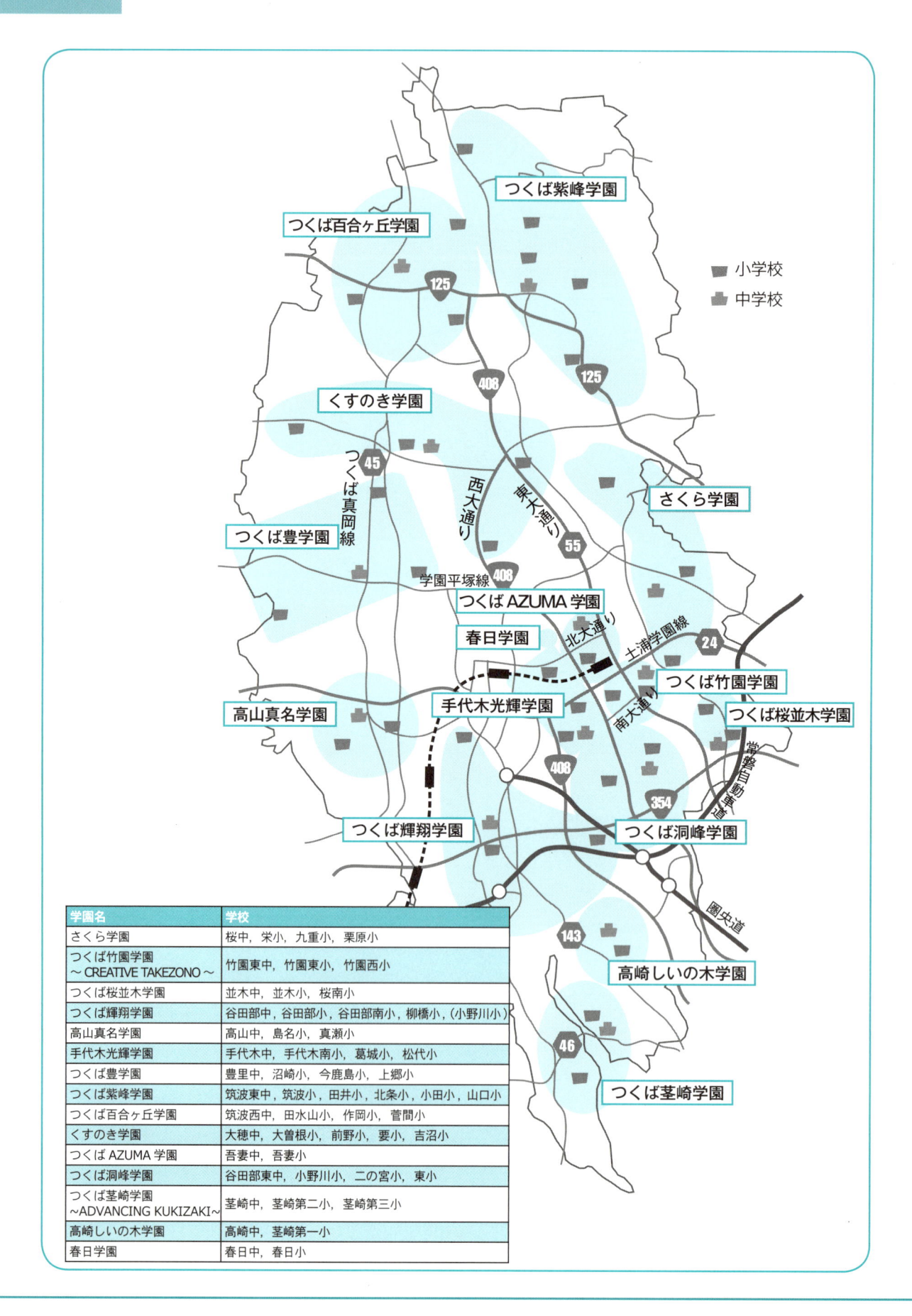

地図内ラベル：
- つくば紫峰学園
- つくば百合ヶ丘学園
- くすのき学園
- さくら学園
- つくば豊学園
- つくばAZUMA学園
- 春日学園
- つくば竹園学園
- 高山真名学園
- 手代木光輝学園
- つくば桜並木学園
- つくば輝翔学園
- つくば洞峰学園
- 高崎しいの木学園
- つくば茎崎学園

凡例：小学校、中学校

道路等：125、408、55、45、24、354、408、143、46、つくば真岡線、西大通り、東大通り、学園平塚線、北大通り、土浦学園線、南大通り、常磐自動車道、圏央道

学園名	学校
さくら学園	桜中，栄小，九重小，栗原小
つくば竹園学園 〜CREATIVE TAKEZONO〜	竹園東中，竹園東小，竹園西小
つくば桜並木学園	並木中，並木小，桜南小
つくば輝翔学園	谷田部中，谷田部小，谷田部南小，柳橋小，(小野川小)
高山真名学園	高山中，島名小，真瀬小
手代木光輝学園	手代木中，手代木南小，葛城小，松代小
つくば豊学園	豊里中，沼崎小，今鹿島小，上郷小
つくば紫峰学園	筑波東中，筑波小，田井小，北条小，小田小，山口小
つくば百合ヶ丘学園	筑波西中，田水山小，作岡小，菅間小
くすのき学園	大穂中，大曽根小，前野小，要小，吉沼小
つくばAZUMA学園	吾妻中，吾妻小
つくば洞峰学園	谷田部東中，小野川小，二の宮小，東小
つくば茎崎学園 〜ADVANCING KUKIZAKI〜	茎崎中，茎崎第二小，茎崎第三小
高崎しいの木学園	高崎中，茎崎第一小
春日学園	春日中，春日小

第2章
小中一貫教育の実践

7 学園紹介

施設分離型（14学園）

つくば竹園学園 -CREATIVE TAKEZONO-

竹園東小・竹園西小・竹園東中

筑波研究学園都市の最初の学校として開校した竹園地区。副題には「創造」「自主」「思いやり」などの願いが込められている。

1年生では，教師がdogなどの英単語を読み，児童がそれを聞いて絵札を取るゲームを行い，外国語に慣れ親しむ活動を行った。9年生では1年生から7年生までの学習を基に英語で自分の趣味や夢について話し合い，コミュニケーションを図る態度の育成を図っている。

▲外国語活動・英語科の実践

手代木光輝学園

手代木南小・松代小・葛城小・手代木中

中学校文化祭「光輝祭」に由来。夢の実現に向け光り輝いてほしいという思い，信頼されて活気ある学校をめざすという思いを込める。

中学生が出身小学校で「あいさつ運動」を実施した。また，小学生が手代木中でも実践した。初めはとまどいも見られたが，すぐに，にこやかにあいさつを交わす声が響いていた。これらの交流により，お互いに対する親しみや信頼感が増し，規範意識の向上にもつながっていった。

▲さわやかマナーアップ運動

つくば AZUMA 学園

吾妻小・吾妻中

AZUMAは，学園をはばたく生徒が，日本から世界へとグローバルに活躍してほしいという願いを込めた。

環境IEC運動を柱として，3年生から9年生までの活動内容を連続的なものにした。調べた内容を下の学年に発表する機会を設けている点が特徴である。写真は7年生がスタディノートでまとめたものを6年生に発表しているところである。

▲小中連続した環境IEC教育

つくば洞峰学園

東小・二の宮小・小野川小・谷田部東中

古くからの水源で，人々の潤いの場である洞峰沼と，洞峰＝同朋として「同じ志をもって共に歩む仲間」を意味する。

連絡協議会を中心に，小学校における教科担任制の研修，情報交換を進めてきた。協議の中で得た教科担任制の効果的実践方法を生かし，各学校の実態に応じて，同学年内での実施，高学年間での実施，専科や担任外を入れた実施など行っている。

▲教科担任制の実践

つくば輝翔学園

谷田部小・柳橋小・谷田部南小・(小野川小)・谷田部中

輝翔には，自ら研鑽を積んで，輝きを増し，社会へ羽ばたくことができる力を伸ばしていけるようにという願いが込められている。

中学校の文化祭には，多くの小学生も参加している。中学生は職業に対する理解を深めるという意味で，午前中は企業の方から話を聞き，今企業が求めている人材などについて話をしていただき，自分の夢をもてる機会とし，目標に向かって努力し続ける力を育んでいる。

▲文化祭での小中交流

31

第2章 小中一貫教育の実践

7 学園紹介

さくら学園

栄小・九重小・栗原小・桜中

旧桜村の学区で，1955年の三村合併時と同じく，栄小の「さ」，九重小の「く」，栗原小の「ら」を使い，学園の誕生を示した。

　3つの小学校では，桜中学校が進める生徒の行動目標である「心の五箇条」の小学校バージョンを作成し，9年間の連続性のある生徒指導を進める上での目安にした。また，小学校の「家庭学習の手引き」をまとめ，小小連携を図りながら，それを中学校とも連携し，指導体制を整えた。

▲サマースクール講座

くすのき学園

大曽根小・前野小・吉沼小・要小・大穂中

旧大穂町の木が「くすのき」であり，大穂地区として，親しみがあり象徴でもあることから学園名とした。

　7年生がミニ先生となって算数の学習支援を行った。異年齢の児童生徒が学習をとおして交流することは，小学生にとっては中学校への進学不安解消につながる。また，中学生にとっては，社会とのつながりを実感し，将来の生き方を考える機会となった。

▲中学生学習サポーター

つくば豊学園

上郷小・今鹿島小・沼崎小・豊里中

旧豊里町で育つ子どもたちが，ゆたかな心を育めるような学園でありたいという願いから命名された。

　小・中学校教員で組織した合同教科部会では，9年間を見通した学習指導のための系統表の作成や授業研修会を行い，指導力の向上をめざしている。写真は，夏季休業中に上郷小学校で実施された，算数科の要請訪問時に部員が集まり，模擬授業を実施している様子である。

▲合同教科部会

つくば茎崎学園 -ADVANCING KUKIZAKI-

茎崎第二小・茎崎第三小・茎崎中

3校の「茎崎」をとった。副題には，児童生徒，教師，地域の人が連携し，夢や希望に向かって前進し続ける決意が込められている。

　小学校の運動会に茎崎中学校の生徒が係の仕事を手伝ったり，昼休みには部活動の紹介などを行ったりした。綱引きの綱の準備や片付けなどの力仕事など中学生の手際のよさは素晴らしく，小学生の参考となった。部活動紹介では，小学生は部活動に期待をもったようである。

▲小学校の運動会への中学生参加

高崎しいの木学園

茎崎第一小・高崎中

1小1中の関係で所在地も近い。小・中学生が共に過ごした茎崎一小の「しいの木」の大木はシンボルであり，学園名に入れた。

　互いの立場を理解し，意識し，尊重し合いながら「話すこと・聞くこと」に取り組むことをねらいとして，5年生「ニュースを伝え合おう」8年生「聞き上手になろう」という国語の単元の交流授業を行った。テレビ会議を活用し，学校間の移動の時間を省き，時間を有効に活用することにつながった。

▲テレビ会議を活用した国語の交流

第2章 小中一貫教育の実践

7 学園紹介

つくば紫峰学園

北条小・筑波小・田井小・小田小・山口小・筑波東中

万葉に歴史を誇る筑波山（紫峰）の裾に広がる大地，豊かに成長していく児童生徒の姿を願って命名された。

つくば市音楽会の合唱発表へ向けて，中学校の音楽担当を講師に招き，専門的な視点から，発声や練習の仕方，歌うときの気持ちや表情などについて，アドバイスをしてもらう学習を行った。また，中学校の教科担当が小学校に出向いて授業を行う出前授業を実施した。

▲音楽練習の指導

つくば百合ヶ丘学園

作岡小・田水山小・菅間小・筑波西中

地域はかつて「高野ヶ原」と呼ばれ，ヤマユリの原生地として親しまれる。地域の連帯感・所属感を高めようという思いが込められる。

小・中教員が合同で，9年間を見通したキャリア教育の計画を作成した。キャリア教育プラン・年間カリキュラム・各教科におけるキャリア教育の目標を立て，実践として，企業の開発した学校教育プログラムを活用した授業や中学生による小学校高学年向けの「職場体験発表会」を実施した。

▲小中連続した次世代キャリア教育

つくば桜並木学園

桜南小・並木小・並木中

3校の学校名から由来。四季を肌で感じられ，桜の景観が素晴らしい地域で，のびのびと育ってほしいという願いが込められている。

桜南小学校で行っていた米づくり体験を，並木小学校と一緒に2校合同田植え体験として行った。また，並木中学校の生徒が体験している農業体験を合わせて，学園内合同の農業体験発表会を実施するなど，小学生が身に付けるべき学習内容の統一を図っている。

▲学園内合同農業体験

高山真名学園

真瀬小・島名小・高山中

高山中の「高山」，真瀬小の「真」，島名小の「名」から由来し，3校の「調和」と「連携」の願いが込められている。

中学校のスクールリーダー研修会に小学6年生が参加した。仲間づくり活動を行った後，「学校生活向上大作戦」というテーマで話し合い意見交換を行った。最後に野外炊飯で楽しく会食した。中学生としての自覚を高めたり，中学生活の理解を深めたりすることができた。

▲スクールリーダー研修会

施設一体型（春日学園） つくば市初の小中一貫校・新たな小中一貫教育の取り組みが期待される

春日学園

春日小・春日中

地名にちなみ，言葉の輝きもうつくしい「春日」とした。「春日」いう言葉のもつ「生命力・始まり・エネルギー・若々しさ」とめざす先進的な教育を合わせたもの。

平成24年度に開校したつくば市初の施設一体型小中一貫校である。1年生から9年生までが同じ校舎で生活する。小・中学校の教員が兼務発令を受けている。今年より柔軟な区切りで多様な教育活動を行うなど，小中一貫教育をより円滑に推進することが可能となった。

▲施設一体型の小中一貫校

第3章 小中一貫教育を支える「つくばスタイル科」

① 「つくばスタイル科」はじまりのきっかけ

　これまで市内の小・中学校では，「環境教育，キャリア教育，国際理解教育，学校 ICT 教育，科学技術教育，健康・安全教育」に重点を置いて取り組んできたが，学校内で行われている教科間における学習内容の重なり，異学年の学習内容の不統一など以下のような課題が出てきた。
　〇 総合的な学習の時間が小・中学校の連続性を意識した系統的な指導となっていなかった。
　〇 重点を置いて推進する教育内容が，バランスよく指導されていなかった。
　〇 同学年における教科間の内容の重なり，「目標・指導内容・指導方法」が9年間を見通したものになっておらず，学年間の指導が連続性に欠けていた。
　〇 ねらう力の明確化，育てる力の明確化が十分になされていなかった。
　〇 総合的な学習の時間の体験がイベントで終わっていた。
　〇 つくば市の教育資源を活用していなかった。
　〇 同一中学校区において小学校間の諸内容の差異や，児童生徒に身に付ける力の連続性について学園内の教師全員が共通理解することができていなかった。

　知と心の調和とグローバルな視点を兼ね備えたつくば市民を育成するために，「環境教育，キャリア教育，国際理解教育，学校 ICT 教育，科学技術教育，健康・安全教育」という重点とする内容を小中一貫教育の視点から再編成することにした。また，学びの連続性をもたせて系統的に指導できるように，全ての学校でつくばならではの学習を保障する9年間を見通した特別な教育課程を編成して，一貫した教育を実施する必要があると考えた。
　そこで，「国際理解，環境，科学技術，歴史・文化，キャリア，福祉，豊かな心」という7つの内容からなる「つくばスタイル科」を，3つの学びのステップ（In，About，For）で学習することをとおして，小学校第1学年から中学校第3学年において「つくば次世代型スキル」が身に付けられるようにしたいと考えた。

平成23年度まで
- 各教科
- 道徳
- 外国語活動（小5・小6）
- 総合的な学習の時間
- 特別活動

平成24年度から
- 各教科
- 道徳
- 「つくばスタイル科」
  ・発信型のプロジェクト学習
  ・外国語活動（小1～小6）
- 特別活動

「つくばスタイル」と「つくばスタイル科」
　「つくばスタイル」とは，充実した都市機能，豊かな自然，科学のまちならではの知的環境を共に享受しながら，自分の希望に合わせて住み・働き・学び・遊ぶ，茨城県内 TX 沿線地域ならではの新しいくらし方である。
　「つくばスタイル」を担う次世代を育成するための教育面における手段として，つくばエリアならではの知的資源を活用し，発信型プロジェクト学習を行うカリキュラムが「つくばスタイル科」である。

第3章
小中一貫教育を支える
「つくばスタイル科」の創設

1 「つくばスタイル科」はじまりのきっかけ

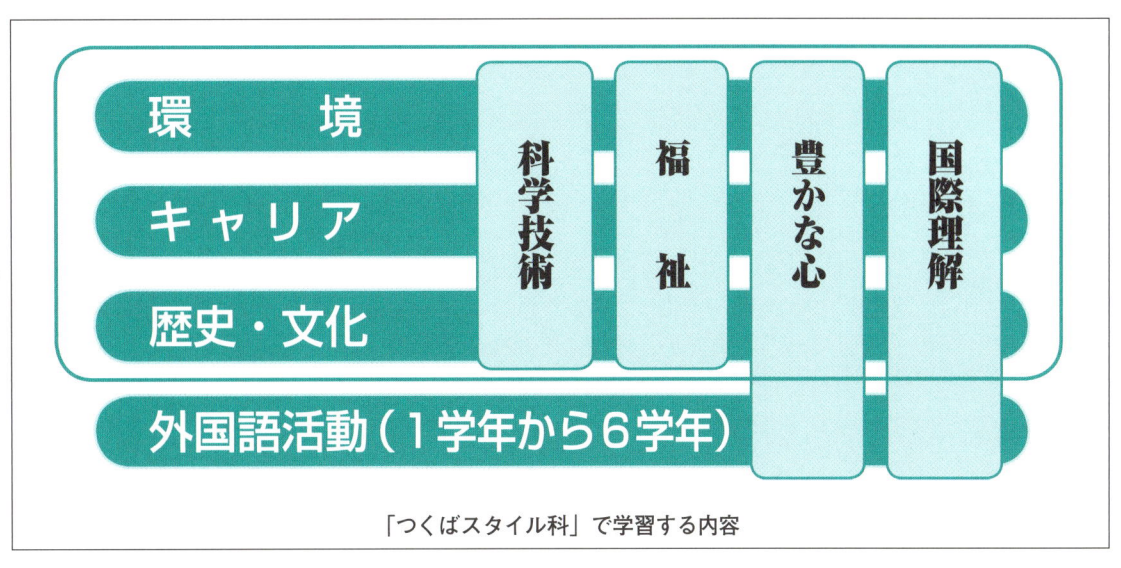

「つくばスタイル科」で学習する内容

　本市の小中一貫教育においては，学習指導要領に沿いつつ，文部科学省「教育課程特例校」（平成23年12月認可）の制度を生かしながら推進している。次世代型カリキュラム「つくばスタイル科」では，「つくば次世代型スキル」を育成する発信型のプロジェクト学習と，外国語活動（小学校第1学年～第6学年）から成っている。

　学力の形成にあたっては小学校と中学校の異なった校種間のギャップがマイナスに働く。そこで，小中一貫教育の視点から学力向上を図るために，次の4点に配意して実施することにした。

　○ 小中一貫化によりカリキュラムの連続性やスパイラルをつくり出す。
　○ 児童生徒の学力状況を校種間で伝え，適した指導の仕方を工夫する。
　○ 各校独自の指導法や学び方について相互乗り入れやティームティーチングなど取り入れる。
　○ 早期から個人差（習熟の程度）への対応を進める。

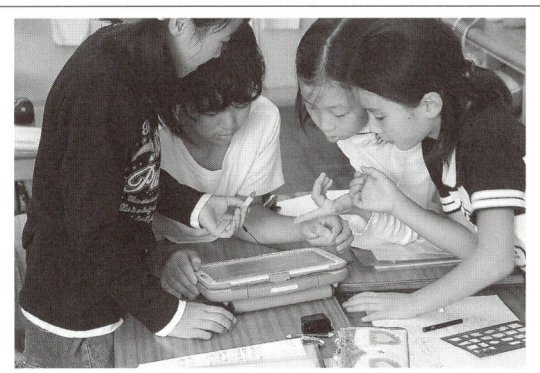

児童生徒の活動の様子

第3章
小中一貫教育を支える
「つくばスタイル科」の創設

2 地域教育資源を生かした21世紀型学習「つくばスタイル科」

1 つくば市の概況

　つくば市は，茨城県の南西部に位置し，茨城県庁のある水戸市から南西に約50km，東京から北東に約50km，成田国際空港から北西に約40kmの距離にある。

　北に筑波山，東には霞ヶ浦，合わせて水郷筑波国定公園に指定されている。

　また，筑波山地域を除く市域の大部分は，筑波・稲敷台地と呼ばれる標高20～30mの関東ローム層に覆われた平坦な地形であり，南北に流れる小貝川，桜川などの河川は，周辺の平地林，畑地あるいは水田などと一体となって落ち着いた田園風景が広がっている。

　筑波研究学園都市はつくば市全域を区域としているが，このうち，都市の中央に位置する南北約18km，東西6kmに広がった区域を「研究学園地区」と呼び，研究・教育機関，商業・業務施設，住宅などが計画的に整備されている。そして，それ以外の区域を「周辺開発地区」と呼び，田園的環境が保たれている。筑波研究学園都市は，東京にある国の試験研究機関などを計画的に移転することにより，東京の過密緩和を図るとともに，高水準の研究と教育を行うための拠点を形成することを目的に建設された。現在はおよそ300もの研究施設が市内に点在している。最先端技術分野への突破口を開こうとする我が国最大の研究開発センターとなっている。

　また，つくば市には100か国以上の外国人が住んでおり，国際色豊かな街である。児童生徒は幼い頃から国際交流の機会が多くある。学校生活はもちろん地域社会の生活においても，違和感をもつことなく生活することができている。

▲つくば市の位置

▲つくばエキスポセンター

▲小田城跡

2　地域教育資源の活用

　つくば市には，教育的資源となる研究所，歴史・文化・遺産，人的資源が市内の至る所に点在している。

　これらの資源を活用し，つくば市独自の教育が可能になる。

【例1　農業体験とキャリア教育】
　児童生徒が，学区内の農家に依頼し，田植え体験学習を行ったり，農家の方から米づくりや農業の課題について話を聞いたりする。
　まとめたことをテレビ会議を使い近隣の小・中学校に伝える。

【例2　科学技術教育　研究所との交流】
　近隣の研究所とテレビ会議やメールを使い，児童生徒が科学的な内容などで詳しく知りたいことや疑問に思ったことを所員から教えてもらう。

【例3　自然環境観察】
　6月に行われるプール掃除の時に，児童が学校のプールに生息しているヤゴを救出し，教室やビオトープに放して観察を行う。その記録をスタディノートに記録し，継続した自然環境観察を行う。
　また，その際にまとめたことをICT機器を活用して，保護者や地域の人に発表する。

▲農業体験

▲郷土の文化「上境のひょっとこ」

▲研究所による出前授業

第3章
小中一貫教育を支える
「つくばスタイル科」の創設

③ 「つくばスタイル科」のめざすもの

1 学校教育の現状と「つくばスタイル科」への転換

　現代の学校教育においては，知識の習得から活用及び探究への転換がめざされている。児童生徒は日常生活や社会において，状況を整理しながら可能な対応策を考案し，最善の行動を意思決定するような力量が求められる。それとともに，自ら問題点を発見し，仮説を立てて検証するといった，問題解決や批判的思考も重要な課題である。これらをとおして，社会における市民としての主体性の萌芽が期待される。

　だが実際には，学力調査などでも指摘されているように，児童生徒は基本的知識を身に付けているが，応用問題や知識の活用については十分でない。授業においても，教えるべき内容の増加や入学試験への対応ということもあり，教科内容の効果的な指導と習得に力点が置かれている。その結果，小学校から中学校へと学年が上がるにつれて，児童生徒の授業中の発言は少なくなり受身的な姿勢になりやすい。調べ学習などによる発表の場も増えてはいるが，マニュアルやインターネットから情報や解決策を引き写すだけでは，真の意味での探究とは言えない。

　このような力量や資質の育成は，本来，総合的な学習の時間で扱われるべきであろう。ところが，当初の趣旨・理念が必ずしも十分に達成されていない状況や，学校種間の取り組みの重複が中央教育審議会において指摘されているように，総合的な学習の時間については実施上の課題を残したまま，2008（平成20）年版学習指導要領では授業時数が減少している。具体的には，横断的・総合的な学習をとおして学び方やものの考え方を身に付けるよりも，国際理解，情報，環境，福祉・健康といった学際的領域の内容を学ぶのみに終わっている。さらに，職場体験やボランティア活動といった特別活動にある内容を，総合的な学習の時間において行う学校も多い。

　以上のような実態を踏まえて，つくば市教育委員会は文部科学省から教育課程特例校の指定を受けて，「つくばスタイル科」として毎学年34〜115時間を配当した。「つくばスタイル科」の授業は，環境，キャリア，歴史・文化から成る市内共通のコアカリキュラム単元と外国語活動，及び各校独自のサテライトカリキュラム単元とに振り分けられる。それらは，学年間に時数の幅があるが，スキルや態度の育成とそれにふさわしい内容を独自に設定するという点で，総合的な学習の時間とは異なる。同様の試みには，品川区の「市民科」や呉市の「生き方学習」があり，学習指導要領の内容を超えて，各地域独自の取り組みが行われている。

2 「つくば次世代型スキル」の特徴

　「つくばスタイル科」では，発信型のプロジェクト学習をとおして，国際社会で活躍するためのスキルや，自らの力で問題をよりよく解決する態度を育てることを目的としている。育成すべきスキルを定めるにあたっては，2つの理論的背景がある。

　第一は，マルザーノ（R.J.Marzano）が，ブルーム（B.S.Bloom）の教育目標の分類学を改訂してつくったスキルである。それは，知識（ⓐ情報，ⓑ心的手続き，ⓒ精神運動的手続き）を基礎としながら，認知システム（①知識再生，②理解，③分析，④知識活用），高次の思考（⑤メタ認知，⑥自己システム思考）とそれらの下位要素から成る。第二は，インテル，マイクロソフト，シスコ社が中心となって研究された，ATC21S（Assessment and Teaching of 21st Century Skills）と呼ばれるスキルである。これは，思考の様式（①創造性と革新性　②批判的思考・問題解決・意思決定，③メタ認知），仕事の様式（④コミュニケーション，⑤協働），仕事の道具（⑥情報リテラシー，⑦ICTリテラシー），世界における生活（⑧市民性，⑨生活とキャリア，⑩個人及び社会的責任）の4領域から成る。

2つの理論に共通する点としては，知識の活用，メタ認知的思考，社会とのかかわりといったことがあげられる。すなわち知識の活用については，記憶や再生だけでなく，知識を手がかりにして未知の状況や日々の生活における課題を解決することが強調される。また，そのような意思決定の過程を自ら振り返り，見通しを立てるといったメタ認知的思考も重視される。そこには，情報の入手のしかたや情報源の信頼性を確認することも含まれる。さらに，コミュニケーションや協働，検証活動のように，他者との協働によって新たな知を形成したり，それを検証することにも力点が置かれている。

また，これらのスキルは，指導要録に見られるような道具の操作や解法といった技能にとどまらず，リテラシーやコンピテンシーと言われる能力の面も含んでいる。それゆえ，学習指導要領における「生きる力」やPISA型学力とも関連した，知識基盤型の学力ということができる。そしてこれらの理論を根拠としながら，「つくば次世代型スキル」においては，思考（問題解決，自己マネジメント，創造革新），行動（相互作用），手段・道具の活用（情報ICT），世界市民（つくば市民）をはじめとする6種12の力が構成された。

3　単元開発と教材開発の視点

「つくばスタイル科」には教科書はないが，コア単元の一覧及び単元プランシートがある。そこには，単元目標及び身に付けるべきスキルが，各時の学習活動とともに設定されている。例えば，環境5年生「水とともに生きる『ヤゴ救出大作戦』」においては，主要スキルが「自己認識力」「ICT活用力」，副次スキルが「客観的思考力」「問題発見力」「協働力」「情報活用力」である。これに対して，歴史・文化7年生「日本（つくば）と世界のよさと課題を比較しよう」では，主要スキルが「自立的修正力」「創造力」，副次スキルが「客観的思考力」「言語力」「ICT活用力」「キャリア設計力」となっている。このように，スキルは単元ごとに異なる。

もちろん，それぞれの単元では他のスキルも扱われるし，各スキルは上記の単元だけで獲得されるのでもない。それにも関わらず，単元ごとに主要スキルと副次スキルを設定したのは，スキルを明示することで，それを育成するための方法が明確になるからである。また，ある単元で扱われなかったスキルが別の単元で扱われるとともに，複数の単元で繰り返し扱われることで，スキルの定着が可能になる。この意味でも，小中一貫教育という9年間にわたる取り組みは有効に機能すると思われる。

その一方で，過度にスキルを強調すると，ドリルやワークブックのような単元及び教材になってしまい，児童生徒の関心と結び付かないテーマとなったり，内容が捨象されたりする恐れがある。教師は授業において，興味や生活に関係した題材を取り上げるとともに，プロジェクト型学習の利点を生かしながら，スキルと内容とが結び付くように支援することが求められる。それとともに，内容の系統性を各教科で保障する一方，「つくばスタイル科」においてはスキルの系統性を考慮に入れることがのぞまれる。そのためには，コアカリキュラム単元及びサテライトカリキュラム単元のいずれにおいても，教師自身が柔軟な発想やアイデアをもつことが重要である。これらをとおして総合的な学習の時間とは異なる，「つくばスタイル科」独自の単元開発や教材づくりが可能になるであろう。

筑波大学　人間系教育学域　准教授　樋口　直宏

第3章
小中一貫教育を支える
「つくばスタイル科」の創設

3 「つくばスタイル科」のめざすもの

「つくばスタイル科」全体構想

1 「つくばスタイル科」の学習

　　　　発信型のプロジェクト学習では，7つの内容（環境，キャリア，歴史・文化，科学技術，国際理解，福祉，豊かな心）に，つくば市の教育資源（自然・地域素材，大学・研究所，先進的ICT，その他）を活用しながら，3つの学びのステップ（In・About・For）をとおして，「つくば次世代型スキル」を育成する。

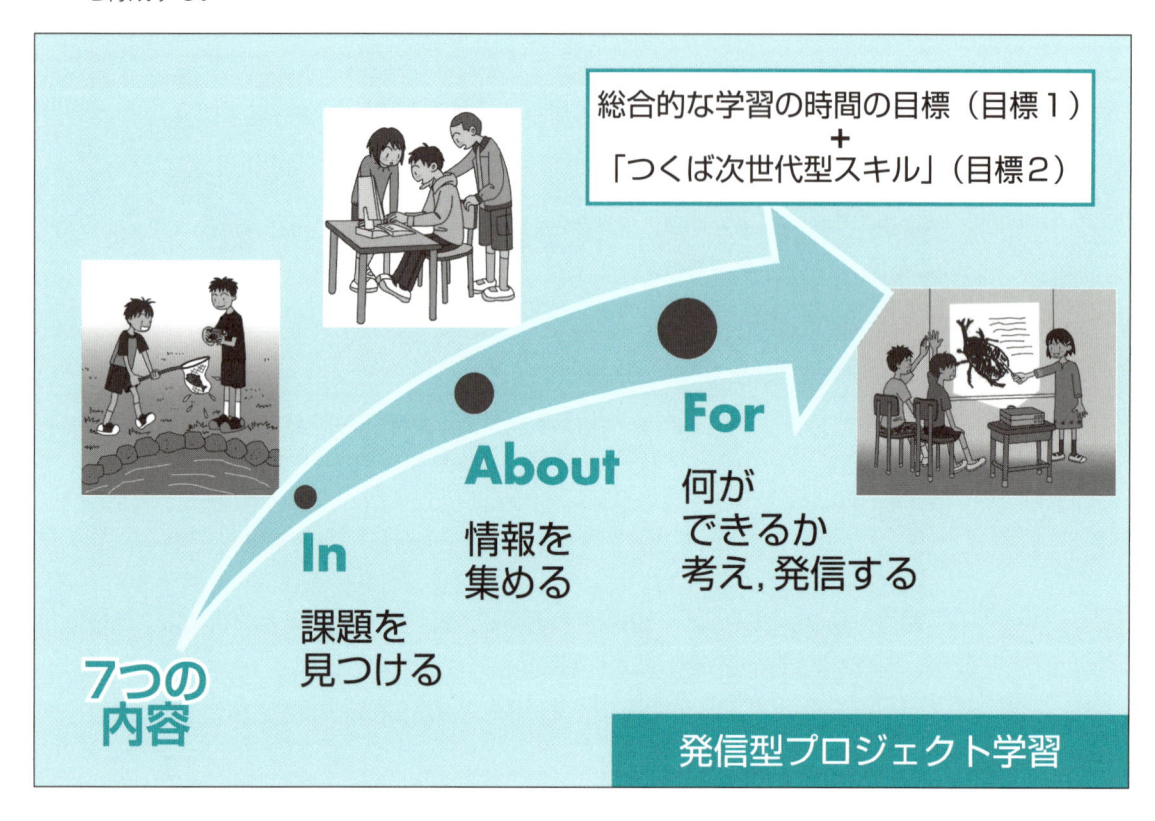

[図：発信型プロジェクト学習　7つの内容 → In 課題を見つける → About 情報を集める → For 何ができるか考え，発信する → 総合的な学習の時間の目標（目標1）＋「つくば次世代型スキル」（目標2）]

　　また，外国語活動（小学校第1学年～第6学年）では，外国語（英語）の音声やリズムに慣れ親しみ，外国語を使った活動を体験することをとおして，「つくば次世代型スキル」の1つである「言語力（コミュニケーション）」を育み，日本語や外国語を使ってのコミュニケーションに対する積極的な態度を養う。

2 発信型のプロジェクト学習

(1)「つくばスタイル科」のめざす姿

　　　　つくばの未来を担い，世界で活躍する子どもたちの育成を図る。

> ハーモニー・コンピテンシー
> 　～ 知と心の調和とグローバルな視点とを兼ね備えたつくば市民の育成 ～

第3章 小中一貫教育を支える「つくばスタイル科」の創設

3 「つくばスタイル科」のめざすもの

発信型のプロジェクト学習の構想

ハーモニー・コンピテンシー
知と心の調和とグローバルな視点とを兼ね備えたつくば市民の育成

「つくば次世代型スキル」
つくばの未来を担い，国際社会で活躍するために

- 客観的思考力，問題発見力
- 自己認識力，自立的修正力
- 創造力，革新性（イノベーション）
- 言語（コミュニケーション）力，協働（コラボレーション）力
- 情報活用力，ICT活用力
- 地域や国際社会への市民性，キャリア設計力

○大学・研究所などの活用
○自然・地域素材の活用

○小中一貫による学びの連続性
○先進的ICTの活用

【For】何ができるか考え，発信する

体験をとおして得た実感の伴った問題意識に裏付けられ，自分で集めた情報を駆使して学習対象に対して自分はどういう貢献ができるかを考える活動。ここでは，客観的思考力，言語力，協働力，自立的修正力，人生・キャリア設計力，創造力，革新性，ICT活用力の育ちが期待できる。

【About】情報を集める

Inの活動の中で見つけた感性的な課題についてこだわりをもち，その疑問「どうして？」について解決しようとし，さまざまな調べ学習に取り組む活動。ここでは，客観的思考力，問題発見力，情報収集・分析・活用力，自己認識力，言語力，ICT活用力の育ちが期待できる。

【In】課題を見つける

学習対象となる場所そのもの（例えば森）に入り込むことによって，その場所がどういうものであるかを体と諸感覚の全てを使って満喫し，そこでの活動に没頭する活動。このようなInの活動では，問題発見力，言語力，情報収集力の育ちが期待できる。

国際理解　環境　科学技術　キャリア　歴史・文化　福祉　豊かな心

第3章
小中一貫教育を支える
「つくばスタイル科」の創設

3 「つくばスタイル科」のめざすもの

(2)「つくばスタイル科」の目標

発信型のプロジェクト学習をとおして，つくばの未来を担い，国際社会で活躍するためのスキルを育てるとともに，グローバルな視点をもって，自らの力で問題を解決していこうとする態度を育て，変化する社会の中で，よりよく生きることができるようにする。

「つくばスタイル科」の目標は，総合的な学習の時間の目標（目標1）を踏まえつつ，「つくば次世代型スキル」を育成（目標2）するととらえる。

○ 目標1：総合的な学習の時間の目標

横断的・総合的な学習や探究的な学習をとおして，自ら課題を見つけ，自ら学び，自ら考え，主体的に判断し，よりよく問題解決する資質や能力を育成するとともに，学び方やものの考え方を身に付け，問題の解決や探究活動に主体的，創造的，協同的に取り組む態度を育て，自己の生き方を考えることができるようにする。

○ 目標2：「つくば次世代型スキル」（P.46 参照）

(3)「つくばスタイル科」の内容及び時数

校種学年	小学校							中学校			
	1年	2年	3年	4年	5年	6年	計	1年	2年	3年	計
「つくばスタイル科」の時数	34	35	80	80	115	115	459	60	80	80	220
コア ・外国語活動	(+10)	(+10)	(+20)	(+20)	(+35)	(+35)	(+130)	—	—	—	(0)
・環境	(+12)	(+13)	(+13)	(+13)	(+15)	(+15)	(+81)	(+15)	(+15)	(+15)	(+45)
・キャリア	(+12)	(+12)	(+12)	(+12)	(+15)	(+15)	(+78)	(+15)	(+15)	(+15)	(+45)
・歴史・文化	—	—	—	—	(+15)	(+15)	(+30)	(+15)	(+15)	(+15)	(+45)
サテライト	—	—	(+35)	(+35)	(+35)	(+35)	(+140)	(+15)	(+35)	(+35)	(+85)
教育課程全体増減	860 (+10)	920 (+10)	945 (0)	980 (0)	980 (0)	980 (0)	5665 (+20)	1015 (0)	1015 (0)	1015 (0)	3045 (0)

○ コアカリキュラム ………… 環境，キャリア，歴史・文化の内容を中心に作成され，9年間（5年間）の系統性をもった単元で構成されている。

○ サテライトカリキュラム … 各学校の実態に合わせて独自の単元を構成。これまでの取り組みを継続したり，学園単位で重点を置いた活動を行ったりする。

○ 外国語活動 ……………… 1学年から15分モジュールにより実施し，6年間とおしてコミュニケーション能力の素地を養う。

(4) 学びの3つのステップ In・About・For を充実させるための5つの視点（指導上の留意点）

「つくば次世代型スキル」を育成するためには，学びの3つのステップIn（課題を見つける）・About（情報を集める）・For（何ができるか考え，発信する）を充実させることがポイントとなる。そこで，次の5つの視点に留意する。

▶視点1：**単元プラン**
　　　　単元プランを活用する　←単元目標，育てる力を明確にし，それを達成するための効果的な学習活動にするために

▶視点2：**評価規準**
　　　　単元目標と「育てる力」を評価規準で確認する　←単元目標，「つくば次世代型スキル」を明確にするために

▶視点3：**カリキュラムを構成する課題**
　　　　内容課題，単元課題，本質的課題を意識する　←学習テーマの本質にせまり，学習を深い思考・理解へと導くために

▶視点4：**発信型のプロジェクト学習**
　　　　実社会で生かせる学習成果物をつくり，発信する　←実社会とつながりをもつことで，興味関心を引き出すために

▶視点5：**つくば市の教育資源**
　　　　先進的ICT，自然・地域素材，大学・研究所などを活用する　←学習に深まりをもたせ，より高いレベルの思考活動にするために

3　言語力（コミュニケーション）を育む外国語活動

「つくばスタイル科」外国語活動の目標

外国語（英語）の音声やリズムに慣れ親しみ，外国語を使った体験活動をとおして，言語的・非言語的なコミュニケーションスキルを育み，日本語や外国語を使ってのコミュニケーションに対する積極的な態度を養う。

《低学年ブロックの内容及び目標》
　○ 基礎的なあいさつの表現に慣れる。
　○ 日常生活の中で見聞きすることが多いカタカナ言葉とそのジャンルの語彙を「英語」として聞き，発することに慣れる。
　○ 歌やチャンツを利用し，英語の音やリズムに慣れる。

《中学年ブロックの内容及び目標》
　○ 基礎的なあいさつの表現を使いこなす。
　○ 日常生活で見聞きする英語の語彙を，定型表現にあてはめてＱ＆Ａの英語の文として使うことに慣れる。
　○ 練習した英語の単語を視覚的にとらえることができるようになる（アルファベットの認識・読みができるようになる。ヘボン式ローマ字の導入）。
　○ 歌やチャンツを利用し，英語の音やリズムのつながりをとらえて単語や文を発する。

《高学年ブロックの内容及び目標》
　○ 基礎的なあいさつの表現に習熟する。
　○ 目的に応じた表現を練習し，その表現を使ってコミュニケーション活動を行う。
　○ 英語の単語や文を読むことに慣れる。
　○ アルファベットの小文字・大文字が書けるようになる。

第3章
小中一貫教育を支える
「つくばスタイル科」の創設

4 「つくば次世代型スキル」の策定と評価

1 「つくば次世代型スキル」の策定

　「つくばスタイル科」では，児童生徒の育成したい力として「つくば次世代型スキル」を定義している。次の時代をしなやかに生きていくこと，そして，グローバル社会をリードする人材として活躍しているために，「つくば次世代型スキル」の習得を重点にしている。
　「つくば次世代型スキル」とは，「21世紀型スキル」を基盤にして，つくば市の教育指針及び教育環境を盛り込み，つくばの児童生徒に身に付けさせたい力，「スキル」として構築した。児童生徒に「つくば次世代型スキル」を育成することが，従来型の総合的な学習の時間との差異の1つである。

■なぜ，「21世紀型スキル」が求められるのか？

　次の時代を担う子どもたちに対して，世界各国がより充実した教育内容に取り組む傾向にある。児童生徒が，これからよりよく生きていくために，どのような力やスキルを身に付けておくべきかということは，教育に携わる者にとって大きな課題である。
　経済のグローバル化と革新が進む中で，ビジネスの内容や在り方は常に変化してきている。テクノロジーは発達するものではなく，生み出すものになっている社会では，今後，どのような種類のビジネスが生まれるのか，そしてどのようなスキルが必要とされるのかを予測するのは，難しいことである。
　このような背景を踏まえ，今後多様化する，変化の激しい社会で子どもたちがたくましく生き抜くために，子どもたちに，新しい「21世紀型スキル」を身に付けさせる必要があると考えた。

■「21世紀型スキル」とは■
1　分析的な思考力（分析的な精神をもって考える力）と問題解決能力
2　コミュニケーションとコラボレーションの能力
3　自立的に学習する力
4　ICT（情報通信テクノロジー）を確実に扱うことのできる能力・スキル
5　グローバルな認識と社会市民としての意識
6　金融・経済に対する教養
7　数学，科学，工学，言語や芸術といった分野への理解を深めること
8　創造性

■これからの社会及び経済の変化に対応していくために，必要な力は何か？

　「思考力」と「柔軟に新しいものを吸収していく」という能力がポイントになる。
　変化が激しい社会及び経済のなかで，自分自身の力で，蓄積されている多様な知識を基盤にして思考し，新しいものを吸収し，生み出していくことが，次の時代をリードする児童生徒にとって不可欠な力になる。
　児童生徒一人一人が，「思考の基盤となる多様な知識」と「スキル」の両方を身に付けることが求められている。思考の基盤となる知識なしでは，分析的思考やコラボレーションをするというスキルを育むことはできない。思考の基盤となる多様な知識を基礎にして，思考力，コラボレーションするスキルなどを活用することで，新しいイノベーションを起こしていくことができるのである。

第3章 小中一貫教育を支える「つくばスタイル科」の創設

4 「つくば次世代型スキル」の策定と評価

■ 21世紀型スキルを育成するための教員のスキルとして，何が求められているのか？

21世紀型スキルを育成するためには，教員のスキルの向上も課題となる。

まず，第1に，生徒が批判的思考や問題解決のスキルを習得するために，正誤ではなく，自分の意見を，論理的な筋道を立てて表現することができるように問答を充実させることが求められる。児童生徒の思考を支援する形の授業が基本になる。

第2に，児童生徒が自分自身で方向性を検討し，定めていくことができるようにするために，プロジェクト型の学習を行うことが必要になる。また，子どもが協力してともに課題を解決していく過程も交え，協働力を養うことも重要である。

第3に，現代でも未来においても，ICTは欠かすことのできないツールであり，今後，さらに活用が充実していく。児童生徒のICTスキルを身に付けさせるためにも，教員自身が効果的にICTを活用することも重要である。

「つくば次世代型スキル」と「21世紀型スキル」の関係図

「つくば次世代型スキル」	21世紀型スキル
❶ 問題解決 A1：客観的思考力 A2：問題発見力	Ⅰ．思考に関するスキル ・創造力 ・批判的思考力、問題解決力、意思決定力 ・学習力　　　　　　　　など
❷ 自己マネジメント B1：自己認識力 B2：自立的修正力	
❸ 創造革新 C1：創造力 C2：革新性（イノベーション）	Ⅱ．行動に関するスキル ・コミュニケーション力 ・コラボレーション　　　　など
❹ 相互作用 D1：言語（コミュニケーション）力 D2：協働（コラボレーション）力	
❺ 情報ICT E1：情報活用力 E2：ICT活用力	Ⅲ．行動の際の手段・道具 ・情報活用力 ・ICT活用力　　　　　　　など
❻ つくば市民 F1：地域や国際社会への市民性 F2：キャリア設計力	Ⅳ．世界市民としての力 ・市民としての力 ・人生とキャリア設計力 ・個人的・社会的責任力　　など

第3章
小中一貫教育を支える
「つくばスタイル科」の創設

4 「つくば次世代型スキル」の策定と評価

2 「つくば次世代型スキル」の評価の考え方

児童生徒に対して,「つくば次世代型スキル」の習得をさせる学習カリキュラムとして,「つくばスタイル科」を平成24年度から開始した。「つくばスタイル科」では,「総合的な学習の時間」と「つくば次世代型スキル」の両目標を踏まえて構成している。

「つくばスタイル科」の目標設定

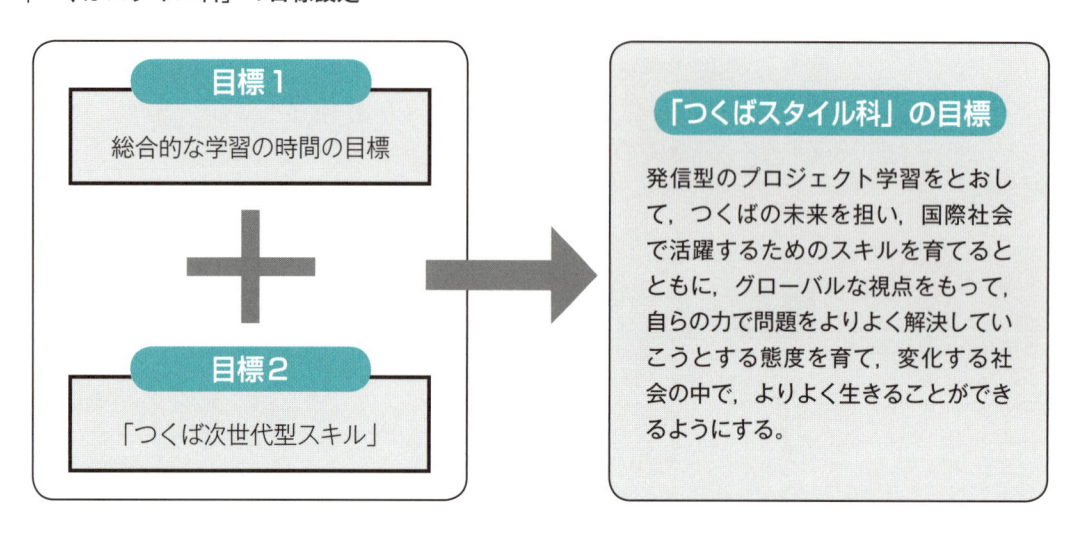

目標1 総合的な学習の時間の目標
＋
目標2 「つくば次世代型スキル」
→
「つくばスタイル科」の目標
発信型のプロジェクト学習をとおして,つくばの未来を担い,国際社会で活躍するためのスキルを育てるとともに,グローバルな視点をもって,自らの力で問題をよりよく解決していこうとする態度を育て,変化する社会の中で,よりよく生きることができるようにする。

「つくば次世代型スキル」の内容と定義

思考に関するスキル	問題解決	客観的思考力	主観を交えず,誰もが納得できるように,筋道を立てて多面的に考えを進める力
		問題発見力	あるべき姿と,現状のギャップから問題を発見し,問題が発生している真因を突き止める力
	自己マネジメント	自己認識力	自分の状況,感情,情動を知り,行動指針を形成していく力
		自立的修正力	依存・受け身から脱し,主体的に自分自身の力で,現状を見直す力
	創造革新	創造力	過去の経験や知識を組み合わせて新しい考えをつくり出す力
		革新性（イノベーション）	今までの方法,習慣などを改めて新しくしようとする意欲や力
行動に関するスキル	相互作用	言語力（コミュニケーション）	言語を用いて思考し,その思考した内容を正確に伝え合う力
		協働力（コラボレーション）	お互いの不足を補い合い,よさを生かし合って課題を解決していく力
手段・道具を活用するスキル	情報ICT	情報活用力	課題や目的に応じて,必要な情報を主体的に収集・判断・表現・処理・創造し,発信・伝達できる力
		ICT活用力	ICT機器の特性を知り,自らの課題解決のために道具として役立てる力
世界市民としての力	つくば市民	地域や国際社会への市民性	よりよい社会の実現のために,まわりの人と積極的に関わろうとする意欲や行動力
		キャリア設計力	自己のよさや可能性に気づくとともに,集団の一員としての役割を果たし,将来設計を達成するために主体的に取り組もうとする意欲や力

3 「つくば次世代型スキル」の評価方法について

　「つくば次世代型スキル」の評価については，客観的思考力などの12の力に各々概念を定義し，9年間の学びに合わせて，各学年において習得すべきスキルを定義している。「つくばスタイル科」の7つの学習テーマ23の単元プラン（コアカリキュラム）において，どこの学習過程で，どのスキルを身に付けさせるのかを設定して，発信型のプロジェクト型学習を展開する。

■教師にとっての「つくば次世代型スキル」の評価とは？

　「つくばスタイル科」において，「つくば次世代型スキル」の評価規準を導入したことは，教員にとっては，大きく2つの利点がある。

　第一に，児童生徒に対してどのようなスキルを身に付けさせるのかを明確にして，授業を展開することで，より効果的な学習が展開できるということがある。評価規準を作成する過程をとおして，教員自身が，「児童生徒に何を身に付けさせようとするのか」「どのように身に付けさせるのか」を具体的かつ徹底的に検討する。すなわち，より効果的な授業の設計につながる。

　第二に，9年間の連続した学びを展開するために，スキルの習得，成熟という過程を「見える化」することで，各学習活動の継続性と質の充実を保証できるという点がある。1つ1つのスキルが習得できているか確認しながら連続性を保障し，授業内容及び発問などがステップアップしていくことで，授業の展開が見えやすくなる。

　「つくばスタイル科」では評価規準を基軸にして学習活動を展開するが，単なる評価規準ということではなく，よい授業につなげる設計過程として，導入して運用していく。

■児童生徒にとっての「つくばスタイル科」の評価とは？

　児童生徒にとっては，評価規準の「見える化」にともない，明示された規準を受けて，何を身に付けなければならないかを知ることができるようになる。その結果，学習活動の中間到達目標がイメージでき，目標全体が具体的になる。また，学習に対して興味関心の喚起及び努力をするモチベーションも維持しやすくなる。児童生徒自身が自分の成長の度合いを知ることができるようになる。

　なお，保護者にとっても，児童生徒の成長の過程が見えるため，学校教育の延長線上に家庭教育が展開され，より充実した体験活動や経験の機会を児童生徒に提供することが可能になる。

■「つくばスタイル科」の評価の今後の展望

　「つくば次世代型スキル」の評価規準は策定してあるが，具体的な評価方法及び各単元プランの評価などは，平成24年度以降，実践事例を集積するなかで，設計する必要がある。

第3章
小中一貫教育を支える
「つくばスタイル科」の創設

「つくばスタイル科」：「つくば次世代型スキル」評価規準（平成24年度版）

分類		種		力		概念（定義）
Ⅰ	思考に関するスキル	A	問題解決	A1	客観的思考力	主観を交えず，誰もが納得できるように，筋道を立てて多面的に考えを進める力
				A2	問題発見力	あるべき姿と，現状のギャップから問題を発見し，問題が発生している真因を突き止める力
		B	自己マネジメント	B1	自己認識力	自分の状況，感情，情動を知り，行動指針を形成していく力
				B2	自立的修正力	依存・受け身から脱し，主体的に自分自身の力で，現状を見直す力
		C	創造革新	C1	創造力	過去の経験や知識を組み合わせて新しい考えをつくり出す力
				C2	革新性（イノベーション）	今までの方法，習慣などを改めて新しくしようとする意欲や力
Ⅱ	行動に関するスキル	D	相互作用	D1	言語力（コミュニケーション）	言語を用いて思考し，その思考した内容を正確に伝え合う力
				D2	協働力（コラボレーション）	お互いの不足を補い合い，よさを生かし合って課題を解決していく力
Ⅲ	手段・道具を活用するスキル	E	情報ーICT	E1	情報活用力	課題や目的に応じて，必要な情報を主体的に収集・判断・表現・処理・創造し，発信・伝達できる力
				E2	ICT活用力	ICT機器の特性を知り，自らの課題解決のために道具として役立てる力
Ⅳ	世界市民としての力	F	つくば市民	F1	地域や国際社会への市民性	よりよい社会の実現のために，まわりの人と積極的に関わろうとする意欲や行動力
				F2	キャリア設計力	自己のよさや可能性に気づくとともに，集団の一員としての役割を果たし，将来設計を達成するために主体的に取り組もうとする意欲や力

第3章 小中一貫教育を支える「つくばスタイル科」の創設

4 「つくば次世代型スキル」の策定と評価

前期（1・2学年）	前期（3・4学年）	中期（5～7学年）	後期（8～9学年）
○事実と感想とを区別して考えを進めることができる。	○具体的な根拠を基に筋道を立てて考えを進めることができる。	○多様な考えや資料を基に考えを進めることができる。	○帰納・類推、演繹などの推論を用いて考えを進めることができる。
○体験学習をとおして感じたことから「なぜ」「何」「どんな」の課題をもつことができる。	○興味関心が同じ者同士で集まって、話し合いで課題を決めることができる。	○興味あることや自分の調べたことを関連付けて、問題を絞り込み課題を設定することができる。	○これまでの学習を生かし、課題解決への見通しをもった上で、追究する価値がある課題を設定することができる。
○自己評価を使って、振り返ることができる。	○自分自身の性格、長所、短所、願望、嫌なことなどを、自己評価を使って気づくことができる。	○自分自身の性格、長所、短所、願望、嫌なことなどを、自分自身の力で気づくことができる。	○自分自身を知るとともに、他者に共感することができる。
○指摘されると誤りに気づき、助けを借りて修正することができる。	○指摘されると誤りに気づき、独力で修正できる。	○誤りに自ら気づき、独力で修正できる。	○誤りに自ら気づき、独力で容易に修正し、より望ましい状態にすることができる。
○課題をなんとか解決したい、成果を得たいという解決欲がある。	○課題を解決するための仮説を、自らつくり出すことができる。	○課題を解決するために話し合い、解決のための仮説をつくり出すことができる。	○課題を解決するための仮説を、多面的な考えに基づき、自らつくり出すことができる。
○よりよいものをつくろうとしている。	○新たな発想をしている。	○イノベーションのできあがりの姿をイメージし、取り組むことができる。	○イノベーションの機会とリスクを考えて、より有効な方策の選択をしている。
○互いの話を集中して聞き、話題に沿って話し合うことができる。	○互いの考えの共通点や相違点を整理しながら伝え合うことができる。	○互いの立場や意図をはっきりさせながら伝え合うことができる。	○帰納・類推、演繹などの推論を用いて思考し、伝え合う活動を行うことができる。
○友達と協力して、情報を収集したり、課題を集めたりすることができる。	○自分の考えをまとめるときに、友達と意見交換を行い、相手の考えを認めたり取り入れたりしながら行うことができる。	○学級や学校の枠を超え、自分の課題と関連する他の児童生徒と協働して、プロジェクトを進めることができる。	○高校、大学だけでなく、研究機関や世界中の人々と協力しながら、プロジェクトを進めることができる。
○課題や目的に応じて、情報を収集することができる。 ○課題を見つけるために、収集した情報を取捨選択することができる。	○収集した情報を、自分なりにまとめることができる。 ○まとめたものを、友達などと意見交換し、さらに考えを深めることができる。	○自分の考えを他者にわかりやすく表現することができる。 ○研究所など外部機関と連携し、創造的な考えを生み出すことができる。	○自分の考えを受け手の状況を考えながら、ICT機器やネットワークを上手に利用し情報を発信伝達することができる。
○情報を的確に収集するためにデジタルカメラを使うことができる。 ○自分の考えをスタディノートに入力し電子黒板を使って発表できる。	○自分の考えをローマ字を使ってパソコンに入力することができる。 ○電子掲示板を使って友達と意見の交換をすることができる。	○自分の考えを深めるためにインターネットを使って情報を取捨選択することができる。 ○テレビ会議を使って、他校や地域の人と情報交換できる。	○テレビ会議やネットワークを使って、高校、大学、研究機関と学習を深めることができる。 ○自分の考えをネットワークを使って発信することができる。
○基本的生活習慣や行動規範の基礎を確実に身に付けている。	○よりよい生活を築こうとする態度を身に付けている。	○社会的な行動力の基礎を身に付けている。	○積極的に社会に貢献する態度をもち、将来の自己の生き方について展望をもっている。
○自分のことは自分ででき、友達とも仲良く助け合いながら生活できる。 ○自分に与えられた仕事は責任をもって行う。	○自分のよさを見つけ、友達のよさを認め、励まし合う人間関係をつくる。 ○働くことの楽しさを実感し、将来への夢や希望をもって生活できる。	○自分の役割を自覚し、責任をもって行動できる。 ○将来の夢や希望をもち、その実現をめざして努力することができる。	○自分を見つめ直し、自らの意思と責任において将来における自己の生き方や進路選択ができる。

5 「つくばスタイル科」年間指導計画の立て方

「つくばスタイル科」の年間指導計画の作成にあたっては，各学校において実施する学習内容を決定し，実施時数の調整を行うことになる。基本となるカリキュラムの時数などについては下の表のとおりである。

「つくばスタイル科」の内容及び時数

（学年） （時数）		1年 34h	2年 35h	3年 80h	4年 80h	5年 115h	6年 115h	7年（中1） 60h	8年（中2） 80h	9年（中3） 80h
コア	環境	12h	13h	13h	13h	15h	15h	15h	15h	15h
	キャリア	12h	12h	12h	12h	15h	15h	15h	15h	15h
	歴史・文化	－	－	－	－	15h	15h	15h	15h	15h
サテライト		－	－	35h	35h	35h	35h	15h	35h	35h
外国語活動		10h	10h	20h	20h	35h	35h	外国語（英語）		

時数の調整については以下の点に留意する。
・コアカリキュラムについては，各学校で必ず実施する。
・サテライトカリキュラムについては，各学校の実態に合わせて実施の有無を決める。
・サテライトカリキュラムを実施しない場合は，その分の時数をコアカリキュラムのいずれかの内容に加え，総時数を合わせる。
・外国語活動については，1年生から4年生は15分モジュールで実施する。5・6年生（3・4年生の5時間分）は，45分で実施する。

　カリキュラムの内容及び時数の決定後は，学校行事とのかかわりや単元内容により実施時期を決める。実施に際しては，1つの単元ずつ行う，または2つの単元を同時に行うなど各学校で工夫する。
　年間指導計画については，例示するが，計画の内容及び評価などの項目については，各学校の実態に合わせて決定する。特に，平成24年度については，実践をとおして計画の見直しを行い，次年度に生かしていく。
　コアカリキュラムの内容は必ず実施するが，単元目標が達成できる内容であれば，各学校，地域の実態に合わせて変更したり，時数を増やしたりすることができるのが，「つくばスタイル科」の特徴である。カリキュラムの自校化が図られ，学校や学園ごとの特色ある年間指導計画の作成が望まれる。

第3章 小中一貫教育を支える「つくばスタイル科」の創設

平成24年度「つくばスタイル科」年間指導計画（第4学年）（例）

○○学園 つくば市立○○小（中）学校

月	時数	単元 学校行事など	キャリア 12h	環境 13h	（サテライト） 35h	外国語活動 (20h)
4	4	学年始休業 1学期始業式 入学式 授業参観		【環境】(7)「地球にやさしい生活」で自分ができることは何だろう 1 地球にやさしい生活ってどんな生活だろうか 2～3 ごみ処理に関わる諸問題について調べよう 4～6 ごみを減らす方法（工夫）について考えよう 7 まとめたことを発表しよう		4-1 100までの数字で遊ぼう 15分×3回 4-2 天気もいろいろ 15分×3回
5	7			【環境】(6) どうしたらごみを減らせるだろう 8～9 ごみを減らすための実践をしよう 10～11 実践をもとに，ごみを減らすよりよい方法を考えよう 12 ごみ削減プロジェクト集会を開こう 13 地球にやさしい生活をするために，他にどんなことができるだろう		4-3 文字語をつくろう 15分×3回 4-4 あいさつできるかな 15分×3回
6	8				【サテライト】(12) 各学校の計画による	4-5 家族を紹介します 45分 4-6 食べ物何が好き？ 15分×3回
7	6					
8	0	夏季休業開始 夏季休業終了				
9	4		【キャリア】(9) 人々のくらしを支える施設や人には，どのような役割があるのだろう 1～4 人々のくらしを支えるために，地域にはどんな施設があるのだろう 5 自分の考えを伝えよう 6～7 地域の人々のくらしを支えるために，施設や人はどうつながっているのだろう 8 学んだことをまとめよう 9 学んだことを発信しよう			4-7 どの季節が好き？ 15分×3回 4-8 今日は何曜日？ 15分×3回 4-9「何曜日に遊ぶ？」45分
10	8	1学期終業式 2学期始業式	【キャリア】(3) 学校生活をよりよくするために，どんな役割が果たせるだろう 10～11 学校や学級で担う役割を見直し，改善の手立てを考えよう 12 地域の一員としての私たち			4-10 色で遊ぼう 15分×3回 4-11 ハロウィーンパーティ 15分×3回
11	8				【サテライト】(12) 各学校の計画による	4-12 今，何時何分 15分×3回 4-13 誕生日は？ 15分×3回 4-14 落とし物ゼロ 15分×3回
12	4	冬季休業開始				
1	3	冬季休業終了			【サテライト】(11) 各学校の計画による	4-15 日本のお正月 45分 4-16 動物好きですか？ 15分×3回
2	5					4-17 スポーツできる？ 15分×3回 4-18「お仕事は何ですか？」45分 4-19 ○○はどこ？ 15分×3回
3	3	卒業式 修了式 学年末休業				4-20「何て書いてあるかな」45分

第4章 「つくばスタイル科」の構成

1 環境単元

1 単元の構成について

環境の単元は，これまで各小・中学校において実施してきた環境教育の内容を中心に取りまとめ，児童生徒の発達段階を踏まえた上で，9年間の系統性を図り，作成したものである。

まず，1年生から3年生では，「自然環境と私たちはどうつながっているのか」を課題として，身近な自然の変化の様子，人間生活と自然とのかかわり，地域の自然の特徴について自然に触れることをとおして学んでいく。その活動をとおして人と環境とのかかわりを意識し，自然とどう接していけばよいのか，環境を守るために今の自分にできることは何か，地域の自然のよさをどう残していけばよいのかを，自分なりに考えていくことができるようにしていく。

4年生から5年生では，「自然と共生する生活とはどのようなものか」を課題に，自分たちの生活で生じるごみ問題について学ぶことで，「地球にやさしい生活」という視点で自分たちの生活を見直していく。また，ヤゴ救出大作戦と称したプールのヤゴを採集し飼育する活動をとおして「生き物にやさしい環境」を自分たちがどうつくり維持していくのかを考えることで，人間と自然界にすむ生き物の両面から環境を見つめ直していく。

6年生から8年生では，「持続可能な社会の実現のために何が必要か」と題して，これまでの学びを受け，地球環境という大きな規模で環境を意識し，社会全体として取り組むべきことについて考えていく。この中では，つくば市が取り組んでいる「つくば環境スタイル」に対する提言，社会の発展と環境保全，環境にやさしい社会づくりについて，自分たちの考えを深めていく。

9年生では，これまでの活動の総まとめとして，「未来をつくるのは何か」をテーマに，今の自分たちにできること，これからの未来のためにできることを考え，発信し，地域社会の一員として行動できることをめざしていく。

2 単元づくりの取り組みについて

環境単元の内容は，つくば市が進める「つくば環境スタイル～知と創意で低炭素社会を実証する田園都市つくば～」の行動計画における4つの柱の1つである，低炭素化意識の環境教育として作成してきた「つくば次世代環境教育カリキュラム」が基本となっている。

このカリキュラムづくりは，筑波大学とつくば市教育委員会が主体となったワーキンググループにより，平成21年度から平成25年度の5年間の計画で進めてきた。この施策の内容などについては以下のとおりである。

（1）施策内容・実施の方策

持続可能な低炭素社会の一員として，地球規模の（グローバル）問題を地域（ローカル）で解決していくグローカル意識をもった市民の育成を図ることを目的として，幼稚園，小・中学校の各課程で一貫性のある統合化されたつくば市独自の次世代環境教育カリキュラムパッケージを開発し，実践する。

(2) 具体的な施策内容
- 国内・国外の既存環境教育カリキュラムのレビュー
- 学校教育現場におけるニーズの把握
- カリキュラムパッケージの検討と教材作成
- いくつかの小・中学校における試行実践（モデル校）と評価（大学・研究機関・企業・NPOなどの協力による出前授業や体験学習を含む）
- 市内全小・中学校への普及と幼稚園（及び可能であれば高校）への拡大適用
- 指導者バンクの設置

(3) 協働の実践体制
　筑波大学次世代環境教育ワーキンググループがガイドライン及びカリキュラムの原案を作成し，教育委員会及び小・中学校現職教員を交えた拡大ワーキングによって原案のブラッシュアップを図る。市内小・中学校は試行的導入に協力し，研究機関・企業・NPOなどは講師派遣や見学受け入れなどに協力する。教育を受けた児童生徒及びその家庭はライフスタイルを再考し，温室効果ガス排出削減に貢献する。

(4) 実施までのスケジュール
　平成21年度　次世代環境教育ガイドラインの策定とカリキュラム試案の作成
　平成22年度　カリキュラムの具体化と教材作成，及び試行実践
　平成23年度　試行実践の継続と評価・修正
　平成24年度　カリキュラムの確立と拡大実践
　平成25年度　全体評価

　平成21年度から進めてきたこの取り組みは，ワーキンググループの組織づくり，カリキュラム試案の検討を繰り返し，平成22年度には市内の6小・中学校で試行実践が始まった。
　さらに平成23年度には，市内の9小・中学校で試行実践を行いながら，カリキュラムの再検討が進められた。同時に，つくば市では平成24年度から小中一貫教育の完全実施に向けた取り組みの1つとして，市内全小・中学校で教育課程特例校を申請し，平成23年12月に認可を受け，「つくばスタイル科」を新設した。この「つくばスタイル科」の単元の柱の1つが環境であり，これまでの試行実践で練り上げてきたカリキュラムを，「つくばスタイル科」のカリキュラムとして再構築し，1年生から9年生までの単元プランが完成した。
　平成24年度より，全小・中学校でこの環境単元をコア・カリキュラムとして実践している。今後，実践を踏まえた評価を繰り返しながら，カリキュラムの再編，内容の検討・改善を進めていく。

▲プログラムの試行実践（つくば市立竹園東中学校）

第4章
「つくばスタイル科」の構成

1 環境単元

環境

3 これまでの環境教育の実践

　つくば市では，以前から環境教育を，重点を置いて進める教育の1つとして推進してきた。全国的に各学校において行われている環境教育の実践はもちろんのこと，つくば市では独自の取り組みにより，環境問題，環境保全に対する意識の高揚と実践力の育成を図っている。その取り組みのいくつかを紹介する。

（1）環境IEC運動

　市内の小・中学校では，毎年，計画的にエネルギーの消費量を削減したり，学校から排出されるごみの量を減らしたりする学校独自の具体的な行動計画を設定し，省エネルギーなどの学校の環境改善に取り組んでいる。学校を起点として，家庭での実施を推奨し，効果の拡大を図っている。環境IEC運動のIはインプルーブメント（改善），Eはエンヴァイロメント（環境保全），Cはコミュニティ（地域社会）を意味する。このIEC運動の展開が認められ，つくば市教育委員会は，平成21年に日本環境共生学会から，「環境活動賞特別賞」を受賞した。前年度の改善を図りながら，今年度も環境IEC運動の取り組みは続いている。

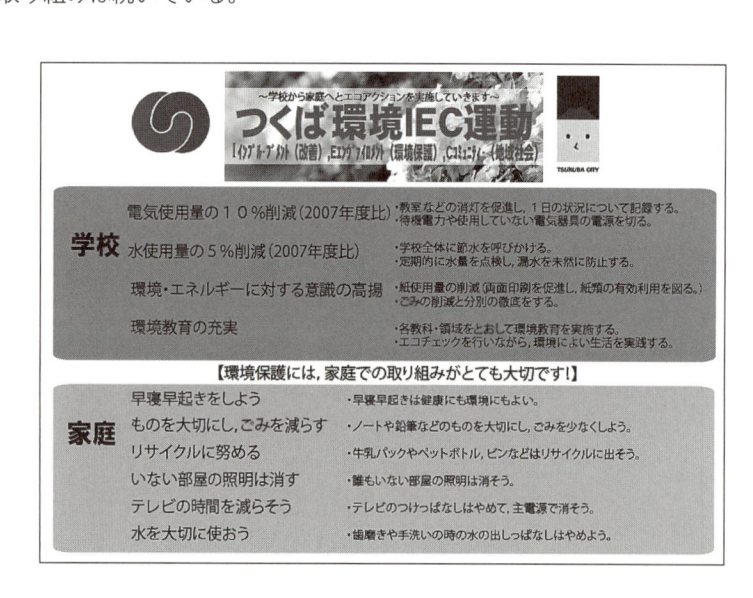

▲植物によるグリーンカーテン（つくば市立栄小学校）　　▲環境活動賞特別賞の授賞式

第4章
「つくばスタイル科」の構成

1 環境単元

（2）環境かるた大会

つくば市にある茨城県立竹園高等学校では，生徒が環境調査活動に長年取り組んでいる。平成18年度には，その活動が評価されて日本教育弘済会「教育賞」を受賞した。その副賞を基に生徒によって自主制作されたものが，「環境かるた」である。この環境かるたには，小・中学生に環境について関心を高めてもらおうという願いが込められており，市内の小・中学校などに寄贈された。環境かるた大会は，この精神を受け市内の小学生が「環境かるた」の遊びをとおし，相互の親睦を図るとともに，地球温暖化などの環境問題にも関心が向かうことを望み，平成20年度より全小学校参加のもとに開催している。

▲第4回環境かるた大会開会式（H24.1.19）

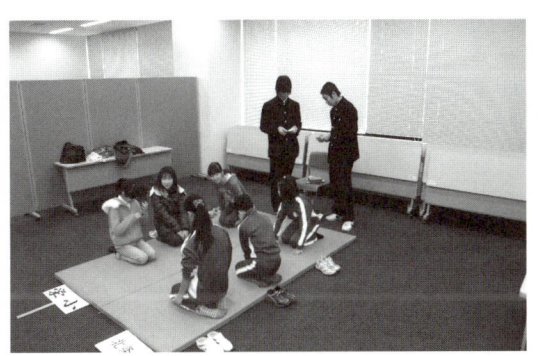

▲大会の審判をする竹園高校生

（3）ヤゴ救出大作戦

環境単元5年生「水とともに生きるヤゴ救出大作戦」は，つくば市内全小学校5年生が継続して取り組んできた活動である。プール清掃の前に，ヤゴを採集し，羽化するまで飼育，観察を記録していきながら，疑問に感じたことや調べてわかったことについて，コンピュータにまとめ，学級内や他校の児童と意見交換をしていく。活動をとおして，生き物や人間のくらしと水とのかかわりを知り，環境保全の意識を高めていく。

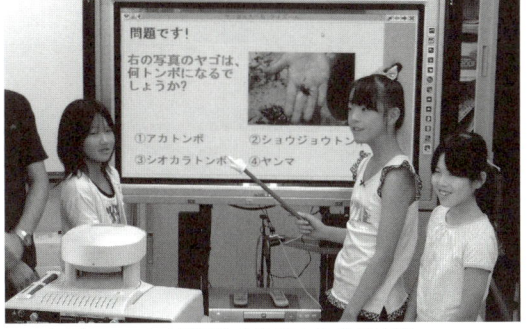

▲スタディノートを活用した他校との意見交換

（4）小中の連携を図った環境教育の実践

各学園では，小中一貫教育を進めていく中で，学習の系統性を図ってきた。つくばAZUMA学園では，総合的な学習の時間において，環境教育を中心とした内容を連続的なものとして取り組んできた。連続性を意識し，調べてまとめた内容を下の学年に発表している点が特徴的である。中学1年生は，小学6年生に向けた発表を実施している。

▲浄水場見学（つくば市立吾妻小学校）

第4章 「つくばスタイル科」の構成

1 環境単元

「つくばスタイル科」（環境）単元一覧【平成24年度版】

学年				1年	2年	3年	4年
単元名				しぜんの中で あそぼう！	はじめよう！ エコアクション	たんけん！ われらのまち	エコ生活のすすめ 〜ごみを減らそう〜
主な内容				環境／豊かな心	環境／豊かな心	環境／歴史・文化／豊かな心	環境／科学技術／豊かな心
単元目標				◎身近な自然の中で活動することをとおして，季節の移り変わりを実感し，進んで自然の不思議さに気づいたり，発見を楽しもうとしたりする。(A1,A2) ○自然の中での遊び方を知ったり，遊ぶ際の留意点を確認したりして，自然とのふれあい方を身に付ける。(B1,B2) ○自然の事物などを使った遊びをとおして，自然とのかかわりを深くし，身近な自然環境の様子や変化に気づき，自分の生活と自然環境との関係性についての意識を高める。(D1,F2)	◎環境かるたをとおして，身近な環境問題やエコ活動について自分なりの興味や疑問をもち，進んで課題を追究しようとする。(A2,B2) ○見学，インタビュー，ICT機器などを活用して，学校，家庭，学区のエコ活動について調査し，結果を全体で共有することにより，身のまわりの環境問題やエコ活動についての理解を深める。(D1,E2) ○自分たちで考えたエコアクションに取り組んだり，エコシールを作成し，家庭や他学年に発信したりして，地域社会の一員として身近な人々の環境意識の向上に貢献する。(D2,F1)	◎自分たちの住んでいる地域に目を向け，身近な地域の自然の特色を調べ，自然環境への関心を高める。(A2,C1) ○実世界と地図の関係を実感し，空間認知能力を高める。(D2,E1) ○探検でわかったことを地図やコンピュータでまとめて発信することで，人間の生活が身のまわりの自然を変化させることを認識する。(B1,F2)	◎環境にやさしい生活について興味・疑問をもち，進んで課題を追究しようとする。(A2,B2) ○インターネット，図書館，インタビューなどのさまざまなメディアの活用と体験学習をとおして環境問題について理解を深め，自分たちの環境に対する提案を考える。(D1,E1) ◎考えたごみ削減を自ら実践したり，家庭や地域に提案を発信したりして，地域社会の一員として環境改善に貢献する。(C2,F1)
Ⅰ 思考に関するスキル	A	問題解決	A1 客観的思考力		◎		
			A2 問題発見力	○	◎	○	○
	B	自己マネジメント	B1 自己認識力	○		◎	
			B2 自立的修正力	○	◎		
	C	創造革新	C1 創造力			○	
			C2 革新性（イノベーション）				◎
Ⅱ 行動に関するスキル	D	相互作用	D1 言語力（コミュニケーション）	○	○		○
			D2 協働力（コラボレーション）		◎	○	
Ⅲ 手段・道具を活用するスキル	E	情報ICT	E1 情報活用力			○	○
			E2 ICT活用力				
Ⅳ 世界市民としての力	F	つくば市民	F1 地域や国際社会への市民性		○		◎
			F2 キャリア設計力	○		◎	
本質的課題					自然環境と私たちはどうつながっているのだろう		自然と共生する生活とは
単元課題				○身近な自然はどのように変化しているのだろう ○私たちは自然とどう接していけばよいのだろう	○人と環境はどのように関わっているのだろう ○身のまわりでは，どのようなエコ活動が行われているのだろう ○環境を守るために，私たちにできることはなんだろう	○自分たちの住む地域には，どんな自然があるのだろう ○自分の街のよさをみんなに発信しよう	○「地球にやさしい生活」で自分ができることは何だろう ○どうしたらごみを減らせるだろう
学習活動（概要）				**身近な自然はどのように変化しているのだろう** 1〜2 春の色はどんな色かな 3〜4 夏の色はどんな色かな 5〜6「木のはトランプ」であそぼう 7〜8 秋の色はどんな色かな 9〜10 冬の色はどんな色かな **私たちは自然とどう接していけばよいのだろう** 11〜12 身近な自然の変化で気づいたことをみんなに伝えよう	**人と環境はどのように関わっているのだろう** 1〜2 環境かるた（竹園高校作成）をやってみよう **身のまわりでは，どのようなエコ活動が行われているのだろう** 3〜7 身のまわりのエコ活動について調べよう 8 調べたことを発表し合おう 9〜11 身のまわりの人にエコ活動を伝えよう **環境を守るために，私たちにできることはなんだろう** 12〜13 自分たちにできるエコアクションを考え，実践しよう	**自分たちの住む地域には，どんな自然があるのだろう** 1 学校のまわりの様子で，自然の自慢できる場所について話し合おう 2〜5 探検をしよう 6〜9 学区の地図づくりをしよう 10 調べたことを発表しよう **自分の街のよさをみんなに発信しよう** 11〜12 調べた地域のよさをみんなに伝えよう 13 自然豊かな場所をつくば市で探してみよう	**「地球にやさしい生活」で自分ができることは何だろう** 1 地球にやさしい生活ってどんな生活だろうか 2〜3 ごみ処理に関わる諸問題について調べよう 4〜6 ごみを減らす方法（工夫）について考えよう 7 まとめたことを発表しよう **どうしたらごみを減らせるだろう** 8〜9 ごみを減らすための実践をしよう 10〜11 実践をもとに，ごみを減らすよりよい方法を考えよう 12 ごみ削減プロジェクト集会を開こう 13 地球にやさしい生活をするために，他にどんなことができるだろう
学びの3つのステップ					In		

第4章 「つくばスタイル科」の構成

1 環境単元

◎は最重要項目

	5年	6年	7年	8年	9年
	水とともに生きる「ヤゴ救出大作戦」	ストップ！地球温暖化	環境問題を見つめなおそう	環境問題を克服する人類の英知	私たちが守る地球の未来
	環境／科学技術／豊かな心	環境／科学技術／豊かな心	環境／科学技術／豊かな心	環境／科学技術／豊かな心	環境／科学技術／豊かな心
目標	○学校のプールにいるヤゴなどの水生生物を救出して育てたり，近くの池やビオトープなどに放したりすることにより，命の大切さを知ることで，学校周辺の環境について学習する。(A1,A2) ○救出したヤゴの一部を飼育しながら羽化の様子などを観察・記録し，疑問に思ったことやわかったことについて自分や他の学校の児童と意見交換ができる。(D2,E1) ◎生き物や人間のくらしと水とのかかわりを考え，環境保全意識を高める。(B1,E2)	○産業や技術の進化と地球温暖化の関係について調べ，地球で起きているさまざまな環境問題について話し合う。(A2,B2) ○日本が有する環境技術やつくば市や企業の環境負荷低減についてのさまざまな取り組みを調べ，実社会についての興味関心を深める。(D1,E1) ◎持続可能な社会の実現のために自分なりの低減策を考え，つくば市の推進する「つくば環境スタイル」への提言を行い，学校や家庭，地域の人々の環境意識の向上に貢献する。(C2,F1)	○環境問題について関心をもち，特定の環境問題について課題を自ら設定し，体験的な活動や調査活動をとおして課題を解決することができる。(A2,B2) ○いろいろな課題研究から情報を得て，整理統合し，まとめ方や表現の方法を工夫することで，環境問題に対する自分の考えを深める。(D1,E2) ◎自ら研究した情報や他グループなどから得た情報などを基に，自分なりに考察して発信することで，家庭や地域の環境問題に貢献する。(D2,F2)	○地球温暖化対策についての事例を調べ，今後どのような取り組みが必要なのか課題をとらえる。(A1,A2) ◎困難な環境問題を解決するために創意工夫し，望ましい取り組みについて自分の考えをまとめることができる。(C1,C2) ○自ら研究した課題やまわりの人が研究した内容をもとに，研究結果を，家庭や地域へ広く発信する。(D2,F1)	○環境問題について取り組んでいる研究者や研究所の方の話を聞き，自分の考えと比較しながら，その取り組みや工夫について理解する。(A2,B2) ○興味をもった環境問題について，文献調査やフィールドワークなどの探究活動を行い，その問題の解決策について自分なりに考えを深める。(D1,E1) ◎自分が環境問題に対してできることを考え，実際に行動に移す計画を立て，社会貢献をする意識を高める。(F1,F2)
		○		○	
	○	○	○		○
	◎				
				◎	
		◎	○	○	
			○		
	○	○	○		○
			○		
		◎		◎	◎
			◎		◎
	どのようなものだろう	持続可能な社会の実現のためには何が必要だろう			未来をつくるのは何だろう
	○生き物が生きていくために必要な環境条件とは何だろう ○生き物が生活しやすい環境をどうつくっていけばよいだろう	○人は自然や環境とのように共生しているのだろう ○人が自然や環境と共生するために大切なことは何だろう ○人が自然や環境と共生するために私たちに何ができるだろう	○私たちが地球環境を守るためにできることは何だろう ○社会の発展のために必要な環境保全とは何だろう	○「環境にやさしい社会」とはどのようなものだろう ○「環境にやさしい社会」の実現には何が必要だろう	○環境にやさしいつくば市にするには何が必要なのだろう ○自分は環境に対してどんなことができるだろう
	生き物が生きていくために必要な環境条件とは何だろう 1「ヤゴ救出大作戦」について話し合おう 2〜3ヤゴの種類や生態，飼育方法について調べよう 4〜7「ヤゴ救出大作戦」をして，ヤゴの種類を数えよう 8ヤゴを飼育し，羽化させよう 9〜11「ヤゴ救出大作戦」をスタディノートにまとめよう 12ヤゴについて意見交換をしよう 13「ヤゴ救出大作戦」をスタディノートにさらにまとめよう **生き物が生活しやすい環境をどうつくっていけばよいだろう** 14「ヤゴ救出大作戦」を発表しよう 15「ヤゴ救出大作戦」を振り返ろう	**人は自然や環境とのように共生しているのだろう** 1地球温暖化って何だろう 2〜3二酸化炭素排出量を削減するにはどのような方法があるだろう 4「エコアクション」を振り返ろう 5〜7「エコアクション」を広げよう **人が自然や環境と共生するために大切なことは何だろう** 8〜9つくば市や研究機関・企業では二酸化炭素排出削減のためにどのような活動をしているのか調べよう 10〜11「つくば環境スタイル」を考えよう **人が自然や環境と共生するために私たちに何ができるだろう** 12〜13考えたことを中学生に発表しよう 14「つくば環境スタイル」へ提言しよう 15これからの生活について考えよう	**私たちが地球環境を守るためにできることは何だろう** 1環境問題とは何だろう 2〜4私の家の二酸化炭素排出量について考えよう 5報告会をしよう 6今までわかったことをまとめよう 7二酸化炭素削減プランをまとめよう **社会の発展のために必要な環境保全とは何だろう** 8〜10さまざまな環境問題について考えよう 11報告会をしよう 12今までわかったことをまとめよう 13情報を発信しよう 14家庭で実践しよう 15環境問題をより広い視野で見てみよう	**「環境にやさしい社会」とはどのようなものだろう** 1私たちのくらしのエコを考えよう 2〜3私の家の二酸化炭素排出量について考えよう 4報告会をしよう 5〜6地域社会では，温暖化問題にどのように取り組んでいるのだろう **「環境にやさしい社会」の実現には何が必要だろう** 7〜10自分のテーマを決めて課題研究をしよう 11研究内容について交流しよう 12自分の考えを深めよう 13自分がまとめたプランを提案しよう 14活動を振り返り，自分の考えたプランを再確認しよう 15社会ではさらにどんな取り組みが必要なのだろう	**環境にやさしいつくば市にするには何が必要なのだろう** 1つくば市の環境や環境への取り組みについて知ろう 2私の家の二酸化炭素排出量について考えよう 3〜8テーマを決めて課題研究しよう 9中間発表会を行おう 10さらに探究活動を進めよう 11〜12探究した結果をまとめよう 13調査した結果を発表し合おう **自分は環境に対してどんなことができるだろう** 14提言を伝えよう 15未来のためにできることを考えよう
		About			For

「つくばスタイル科」（環境）単元プラン 【平成24年度版】

単元名	しぜんの中であそぼう！	学　年	第1学年
		総時間	12時間

環境

単元プラン

主 な 内 容	☑環境 ｜ キャリア ｜ 歴史・文化 ｜ 福祉 ｜ 国際理解 ｜ 科学技術 ｜ ☑豊かな心
単 元 目 標	◎身近な自然の中で活動することをとおして，季節の移り変わりを実感し，進んで自然の不思議さに気づいたり，発見を楽しもうとしたりする。➡ （A1，A2） ○自然の中での遊び方を知ったり，遊ぶ際の留意点を確認したりして，自然とのふれあい方を身に付ける。➡ （B1，B2） ○自然の事物などを使った遊びをとおして，自然とのかかわりを深くし，身近な自然環境の様子や変化に気づき，自分の生活と自然環境との関係性についての意識を高める。➡ （D1，F2）
単 元 構 想	児童は，普段の生活の中で自然にふれあったり，身近な生物に興味関心を示したりすることを行ってきている。しかし，以前に比べて野外で自由に遊ぶ時間は少なくなっており，ゆっくりと自然に向き合う時間は失われている。そのため，自然の中での遊び方や楽しみ方が身に付いておらず，身近な自然環境にも関心をもっていないことも多い。 　本単元では，9年間の単元のスタートとして，まず，自然の中で活動することをとおして，遊び方や留意点を学び，季節の変化や身近な自然に興味関心がもてるような活動を行う。また，気づいたことを発表し合う活動をとおして，自然観察する際の新たな視点に気づき，多様な見方ができるようにする。具体的には，季節ごとの植物の色の変化や形態，また落葉に代表される樹木の変化にも，葉の色合わせをしたり，落ち葉カードを作成してゲームをしたりして自然の事物を使って楽しみながら興味関心を高めていく。 　それらの活動をとおして，自然の素晴らしさを体感するとともに，その身近な自然と自分たちの生活とのかかわり，身近な自然環境の変化に気づくようにし，環境意識につなげていけるようにしたい。
プロジェクト型学習の視点	次年度以降の単元につないでいくために，INの活動（特に課題発見）に重点を置いて活動を進めていき，自然環境と自分とのかかわりについての意識を高めていけるようにする。 　自分たちが気づいた視点を全体で共有することで多様な視点がもてるようにする。
本 質 的 課 題	○自然環境と私たちはどうつながっているのだろう
単 元 課 題	○身近な自然はどのように変化しているのだろう ○私たちは自然とどう接していけばよいのだろう

IN　　　課題発見　　2h

身近な自然はどのように変化しているのだろう

1〜2　春の色はどんな色かな

- 学校の校庭を散策し，いろいろな色を見つける。
  ☆色を探す活動をとおして，それぞれの植物の形や樹木の様子にも着目する。
  ☆「きく」「かぐ」「さわる」など，色以外の視点についても触れ，気づいたことをまとめるようにする。
- 見つけたことを発表し合う。
  「どんな色が多かったかな。」
- 身近な自然環境に興味をもち，自然を意識して生活しようとする。

育てる力
A1：客観的思考力
A2：問題発見力

| ABOUT | 課題調査① | 2h |

3〜4　夏の色はどんな色かな
- 学校の校庭を散策し，いろいろな色を見つける。
  ☆色を探す活動をとおして，それぞれの植物の形や樹木の様子にも着目する。
  ☆春の色との違いを意識してまとめるようにする。
- 見つけたことを発表し合う。
  「どんな色が多かったかな。」「春とくらべてちがいはあるかな。」
  ☆外部講師（つくば科学出前レクチャーなど）の活用（筑波実験植物園，森林総研など）

育てる力
A2：問題発見力
E1：情報活用力

| 交流協働 | 2h |

5〜6　「木のはトランプ」であそぼう
- 校庭で採集した落ち葉または葉を乾燥させ，カードをつくる。
- 木の葉のペア（同じ種類の葉）を，大きさ，形，色などから見つける。
  ☆ペアを探す活動をとおして，植物の特徴の違いや多様性について気づくようにする。
  ☆実際に植物を採集する活動を含めたり，デジタルカメラで撮った写真を活用してもよい。

育てる力
C1：創造力
D2：協働力

| 課題調査② | 2h |

7〜8　秋の色はどんな色かな
- 落葉樹の落葉の時期に，葉の色の変化と落ち葉に注目して散策する。
  「木の葉トランプで調べた葉は，どんな木なのか探してみよう。」
- 見つけたことを発表し合う。
  「春や夏とのちがいは何かな。」

育てる力
A2：問題発見力
E1：情報活用力

| 課題調査③ | 2h |

9〜10　冬の色はどんな色かな
- 学校の校庭を散策し，いろいろな色を見つける。
  ☆色を探す活動をとおして，それぞれの植物の形や樹木の様子にも着目する。
  ☆春〜秋の色との違いを意識してまとめるようにする。
- 見つけたことを発表し合う。
  「どんな色が多かったかな。」
  「春〜秋とくらべてちがいはあるかな。」

育てる力
A2：問題発見力
E1：情報活用力

| FOR | 提案発信 | 2h |

私たちは自然とどう接していけばよいのだろう
11〜12　身近な自然の変化で気づいたことをみんなに伝えよう
- 春夏秋冬の校庭の植物の移り変わりについて
- 学校のまわりの様子や自然環境について
  （ワークシート，掲示物，スタディノートなどを使って）

育てる力
D1：言語力
E2：ICT活用力

| 評価 |

○季節の色探しに意欲をもって取り組んでいる。
○友達と協力しながら調査活動を行ったり，ワークシートや掲示物にまとめたりしている。
○季節の変化に気づき，五感を使って，多様な視点で観察している。
○季節の変化と身のまわりの自然環境に興味や関心をもち，自然環境と自分たちの生活がかかわりをもっていることを意識できている。

育てる力
B1：自己認識力
B2：自立的修正力

| IN | 新たな課題設定 |

○活動をとおして，さらに調べたいことや疑問点を出し合い，新たな課題をもつ。
- 自分の活動から
- まわりの人の意見から

育てる力
A1：客観的思考力
F2：キャリア設計力

環境

単元プラン

「つくばスタイル科」（環境）単元プラン 【平成24年度版】

単元名	はじめよう！エコアクション

学　年｜第2学年
総時間｜13時間

環境
単元プラン

主な内容	☑環境｜ キャリア｜ 歴史・文化｜ 福祉｜ 国際理解｜ 科学技術｜☑豊かな心
単元目標	◎環境かるたをとおして，身近な環境問題やエコ活動について自分なりの興味や疑問をもち，進んで課題を追究しようとする。➡（A2，B2） ○見学，インタビュー，ICT機器などを活用して，学校，家庭，学区のエコ活動について調査し，結果を全体で共有することにより，身のまわりの環境問題やエコ活動についての理解を深める。➡（D1，E2） ○自分たちで考えたエコアクションに取り組んだり，エコシールを作成し，家庭や他学年に発信したりして，地域社会の一員として，身近な人々の環境意識の向上に貢献する。➡（D2，F1）
単元構想	児童は，現在さまざまな環境問題が起こっていることや，エコ活動が全国的に行われていることを何となくわかっている。しかし，低学年の児童にとっては，それらは自分とはあまり関係がなく，実際に，無駄のある行動をしている児童も多く，身近なこととしてとらえられていないことが考えられる。 　本単元では，まず，環境かるたを行い，エコ活動についての興味や疑問をもって，家庭や学校，地域のエコ活動についての調査活動を行うことで，身近な場所にもさまざまな環境にやさしい取り組みがあることに気づくようにする。また，そこで得た知識をもとに，自分たちでできるエコアクションについて考え，実践していく。さらに，エコシールを作成し，家庭や他学年にもエコ活動を呼びかけることで，児童が，地域社会の一員として，自分の住む地域に愛着をもち，環境に配慮した消費行動や意思決定をしながらよりよく生活できるようにしたい。
プロジェクト型学習の視点	環境問題についての知識の習得だけでなく，家庭や学校，地域などで行っているエコ活動について調べることで，地域の一員として主体的に活動する意欲を高められるようにする。 　自分たちでできるエコアクションについて考え，実践するとともに，エコシールなどを作成し，家族や他学年の人にもエコ活動を呼びかける。
本質的課題	○自然環境と私たちはどうつながっているのだろう
単元課題	○人と環境はどのように関わっているのだろう ○身のまわりでは，どのようなエコ活動が行われているのだろう ○環境を守るために，私たちにできることはなんだろう

IN　　課題発見　　2h

人と環境はどのように関わっているのだろう
1～2　環境かるた（竹園高校作成）をやってみよう

- 環境かるたをグループで行う。
  ☆誰もが読み手と取り手を体験できるように何度か行う。
- 感想を発表し合う。
  「なぜ，こんなかるたをつくったのかな。」
  「自分でもやったことがある札があったけれど，他にどんなエコ活動があるのかな。」
- つくば環境IEC運動について紹介し，つくば市全体でもエコ活動に取り組んでいることに気づくようにする。

育てる力
A1：客観的思考力
A2：問題発見力

| ABOUT | 課題調査 | 2h |

身のまわりでは，どのようなエコ活動が行われているのだろう
3〜7　身のまわりのエコ活動について調べよう
- インターネットで，環境問題やエコ活動について調べる。
  （例）「かえる先生と学ぶエコ探検」から，環境問題について調べる。
    （地球温暖化，水の汚れ，ごみの増加，生物の減少など）
  　「このゆびとまれ！エコキッズ」から，家庭，学校，店などのエコ活動を調べる。
  ☆他に，図書，環境紙芝居などの活用も可能。
- 家庭のエコ活動を調べる。（家庭学習）

育てる力
E1：情報活用力
E2：ICT活用力

| 交流協働 | 3h |

- 学校のエコ活動を調べる。
  （環境委員会の活動，節電，紙の節約，リサイクルなど）
- 学区のエコ活動について調べる。（グループでの活動）
  公民館，児童館，図書館，商業施設，公園など
  ☆デジタルカメラで写真を撮ったり，そこで働く人にインタビューを行ったりして，
  　友達と協力して活動できるようにする。
  ☆外部講師（つくば科学出前レクチャーなど）の活用（国立環境研，筑波大学など）

育てる力
B2：自立的修正力
D2：協働力

| まとめ | 1h |

8　調べたことを発表し合おう
- 調べた結果を発表し，全員で共有する。
- 環境にやさしい取り組みだと思うことや改善した方がよいと思うことについて話し合い，
  自分の考えをもつ。

育てる力
C1：創造力
F2：キャリア設計力

| FOR | 提案発信 | 3h |

9〜11　身のまわりの人にエコ活動を伝えよう
- 家庭（掲示物や授業参観など）
- 学校（掲示物やスタディノート掲示板など）
- 地域（掲示物やホームページなど）

育てる力
D1：言語力
E2：ICT活用力

| 実践行動 | 2h |

環境を守るために，私たちにできることはなんだろう
12〜13　自分たちでできるエコアクションを考え，実践しよう
- 私たちが環境を守るためにできることは何だろう。
  学校生活でできることを考え，ワークシートに記入し，1週間エコチャレンジを行う。
  （できたときにはシールを貼る。）
  ☆一人一人ができること，みんなでできることについて考える。
- エコシールをつくろう。
  対象を1年生と家族にし，相手意識をもって，シールを作成する。
  ☆絵やメッセージを入れて楽しく活動できるようにする。

育てる力
D2：協働力
F1：地域や国際社会への市民性

| 評価 |

○エコ活動調査やエコチャレンジに意欲をもって取り組んでいる。
○友達と協力しながら調査活動を行ったり，スタディノートにまとめたりしている。
○環境にやさしい活動の大切さについて，自分なりの考えをもっている。
○日常生活において，自分たちにできるエコ活動が，社会にも役立つことに気づいている。

育てる力
B1：自己認識力
B2：自立的修正力

| IN | 新たな課題設定 |

○活動をとおして，さらに調べたいことや疑問点を出し合い，新たな課題をもつ。
- 自分の活動から
- 地域の人の反応から

育てる力
A1：客観的思考力
F2：キャリア設計力

環境　単元プラン

「つくばスタイル科」（環境）単元プラン【平成24年度版】

単元名	たんけん！われらのまち	学年｜第3学年
		総時間｜13時間

環境
単元プラン

主な内容	☑環境｜ キャリア｜ ☑歴史・文化｜ 福祉｜ 国際理解｜ 科学技術｜ ☑豊かな心
単元目標	○自分たちの住んでいる地域に目を向け，身近な地域の自然の特色を調べ，自然環境への関心を高める。➡（A2，C1） ○実世界と地図の関係を実感し，空間認知能力を高める。➡（D2，E1） ◎探検でわかったことを地図やコンピュータでまとめて発信することで，人間の生活が身のまわりの自然を変化させることを認識する。➡（B1，F2）
単元構想	本学年では，第2学年で行ってきた学校のまわりの様子の学習活動をもとにして，視野を学区へと広げていく。学区にある自然を調べることをとおして，地域の自然環境に目を向ける。また，地域の社会科で学習する地図づくりを確実に身に付け，空間認知能力を向上させることもねらいの1つとなっている。 　第3学年の児童は，自我が目覚めはじめ，自分でやろうとする意識が高まってくる時期である。また周囲にも目を向けるようになり，視野も広がってくるので身近な自然環境へ目を向けさせるには適切な時期である。 　地域の自然に目を向けた児童は，人間の生活と環境との関係を考えるきっかけをつかむことができるであろう。自然が減りこれまで身近に見てきた昆虫などの生き物が見られなくなってしまうことを考える活動をとおして，つくば環境IEC運動を意識できる児童の育成をめざしたい。
プロジェクト型学習の視点	学区探検をとおして自分たちの住む地域の特色や自然の様子を地図やスタディノートにまとめ，他学年や他の小学校に向けて発信する。
本質的課題	○自然環境と私たちはどうつながっているのだろう
単元課題	○自分たちの住む地域には，どんな自然があるのだろう ○自分の街のよさをみんなに発信しよう

IN　課題発見　1h

自分たちの住む地域には，どんな自然があるのだろう

1　学校のまわりの様子で，自然の自慢できる場所について話し合おう
- 学校のまわりの様子を思い出し，どんな場所があるか紹介し合う。
  ☆第2学年が生活科で使用する学校のまわりの白地図を提示する
  ☆学校のまわりから自分たちの家のまわりなどに視野を広げさせる
- 住んでいる地域で自然豊かで美しい自慢できる場所がないか考える。
- 自分が見つけた自慢の場所を絵地図に表す。
  ☆学区内にある古い建物や特色のある場所の写真を提示する。
  ☆通学路をもとに，登下校時に目にするものを想起できるようにする。
  ☆進んでいる児童には，選んだ理由を考えるように助言する。
  ☆絵は大きく見やすくかくように助言する。
- 絵地図にかいたものを紹介する。
  ☆絵地図にかいた自慢の場所とその理由を発表する。

育てる力
A1：客観的思考力
A2：問題発見力

| ABOUT | 課題調査 | 4h |

2〜5 探検をしよう
- 探検するコースを決める。
  - ☆探検コースは，昨年度のコースを参考にして決めておく。
  - ☆視野を広げるため，通学路から遠いコースを選ぶように助言する。
- 探検コースの中で探し出すものなどをコースごとに話し合う。
  - ☆地図を使って道順を確認し，知っている場所があれば発表する。
- 探検メモのかき方を調べる。
  - ☆見つけたものとその近くにある目印になるものなどを記入する。
- 探検の約束を確かめる。

育てる力
C1：創造力
B2：自立的修正力

- コースごとに探検する。
  - ☆安全な学習のためのポイントを助言する。
    （安全確保のため，保護者ボランティアなどを依頼する場合もある。）
- 発見したことを，探検カードや地図に記録する。
- 探検後，発見カードをつくる。
  - ☆環境の視点，社会科の視点それぞれを色分けしたカードで表す。

育てる力
A2：問題発見力
D2：協働力

| 交流協働 | 4h |

6〜9 学区の地図づくりをしよう
- グループをつくり，地図に載せることを話し合う。
  - ☆発見したものの分布や特徴が載せられるように助言する。
- 社会科で学習した地図記号を使って地図に表す。
  - ☆発見したものを赤，感想を緑，聞いたことを青などに色分けする。
  - ☆道を歩いて気がついたことも付け加えてよいことを話す。
- 発表練習する。
  - ☆発表する時に，聞く人にわかりやすく伝えることを目標にする。
  - ☆外部講師（つくば出前レクチャーなど）の活用（国総研，土木研など）

育てる力
D2：協働力
E1：情報活用力

| まとめ | 1h |

10 調べたことを発表しよう
- 発表から，初めてわかったことをカードに記録する。
- 気づいたことや感想を発表し合う。
- 家族や近所の人などから昔の様子を聞いてくる。

育てる力
C2：革新性
E1：情報活用力

| FOR | 提案発信 | 2h |

自分の街のよさをみんなに発信しよう
11〜12 調べた地域のよさをみんなに伝えよう
- スタディノートの掲示板機能を活用し，他学年や他の小学校の児童に向けて発信する。
  - ☆ペアになって発表原稿をもとに，学区探検でわかったことをスタディノートにまとめる。
  - ☆街についての感想やよい点も書き込むようにする。

育てる力
D1：言語力
E2：ICT活用力
F2：キャリア設計力

| 評価 | 0.5h |

- ○自分の住む地域の自然環境の分布を理解することができている。
- ○自然環境と人間の生活の関係を考えることができている。
- ○情報を整理して，地図にまとめることができている。
- ○地図を用いて説明することができている。

育てる力
B1：自己認識力
B2：自立的修正力

| IN | 新たな課題設定 | 0.5h |

13 自然豊かな場所をつくば市で探してみよう
- 今後の生活の中で，学区からつくば市に範囲を広げて，興味をもって取り組むようにする。
  - ☆ここでは，今後の意識付けをする程度で行う。

育てる力
A1：客観的思考力
F1：地域や国際社会への市民性

「つくばスタイル科」（環境）単元プラン【平成24年度版】

単元名	エコ生活のすすめ〜ごみを減らそう〜	学年	第4学年
		総時間	13時間

環境／単元プラン

主な内容	☑環境 ｜ キャリア ｜ 歴史・文化 ｜ 福祉 ｜ 国際理解 ｜ ☑科学技術 ｜ ☑豊かな心
単元目標	○環境にやさしい生活について興味・疑問をもち，進んで課題を追究しようとする。→（A2，B2） ○インターネット，図書館，インタビューなどのさまざまなメディアの活用と体験学習をとおして環境問題について理解を深め，自分たちの環境に対する提案を考える。→（D1，E1） ◎考えたごみ削減を自ら実践したり，家庭や地域に提案を発信したりして，地域社会の一員として環境改善に貢献する。→（C2，F1）
単元構想	児童は，さまざまな環境問題についての知識をもち，また東日本大震災にかかわり，「電気を消す。」「水を大切に使う。」などの身近なエコ活動を実践してきている。しかし，学校生活などの自分に関係する部分以外での環境改善の実践までには至っていない。 　本単元では社会科単元の「ごみのゆくえ」の学習を基礎とし，地球環境への圧迫やごみ処理にかかる経済的損失を防ぐために，学校や家庭で出されるごみを減らす工夫と実践について考える。必要な情報はメディアやアンケート，聴き取りなどにより収集し，実際に自分たちの考えた案を日々の生活の中で実践していく。一人ひとりの成果は小さいが，学校や地域に発信することでその規模は拡大し，大きな成果となることに気づくようにすることで，より多くの人に発信する意欲を高めたい。また，実践が数か月で終わることなく，長期的な実践となるよう支援をしていく。
プロジェクト型学習の視点	自分たちで考えた「ごみを減らす工夫」をスタディノートにまとめ，他学年や他校に向けて発信する。 　ごみを減らすプロジェクト集会の開催と，自分や身のまわりの人の実践。
本質的課題	○自然と共生する生活とはどのようなものだろう
単元課題	○「地球にやさしい生活」で自分ができることは何だろう ○どうしたらごみを減らせるだろう

IN　課題発見　1h

育てる力
A1：客観的思考力
A2：問題発見力

「地球にやさしい生活」で自分ができることは何だろう

1　地球にやさしい生活ってどんな生活だろうか
- さまざまな環境問題について考える。
「地球にやさしい生活をするために，自分たちはどんなことができるかな？」
☆日々行っているエコチェックなどを基礎として考える。
  - エネルギー（水・電気・ガスなど）を無駄なく使う。
  - いらなくなったものを再利用する。
  - ごみを減らす。
  - 環境にやさしいエネルギー（再生可能エネルギー）を利用する。
「まずはすぐにできることから考えていこう。」
☆社会科での学習「ごみのゆくえ」について想起する。
「どうしたらごみを減らせるだろうか」
  - ごみを減らす方法（工夫）について考える。

| ABOUT | 課題調査① | 2h |

2〜3 ごみ処理に関わる諸問題について調べよう
- インターネットや図書館などで情報を集める。
  - ☆インターネットを使って資料を集める場合には「参考サイト」を記入したプリントを配布して効率よく調べる。
- 社会科で見学したクリーンセンターで得た情報を活用する。
  - （市内で出されるごみの量，ごみ処理にかかる費用など）
- ごみ削減アンケートを作成，校内の児童や各家庭などで実施し，集計する。
  - ☆集計結果も貴重な情報として，内容の参考にするよう助言する。

育てる力
E1：情報活用力
E2：ICT活用力

| | 交流協働① | 3h |

4〜6 ごみを減らす方法（工夫）について考えよう
- 集めた情報をもとに，ごみを減らす方法（工夫）を考える。
  - ☆実践可能なものを提案するように助言する。
- 考えをどのようにまとめていくか話し合う。
  - （スタディノート，紙芝居，ペープサート，劇など）
- 集めた情報を整理する。
- まとめに必要な情報を選択する。
  - ☆外部講師（つくば科学出前レクチャーなど）の活用（環境研，土木研，つくば市役所など）

育てる力
B2：自立的修正力
D2：協働力
C1：創造力
C2：革新性

| FOR | まとめ | 1h |

7　まとめたことを発表しよう
- 学年内で発表する。
  - ☆他のグループのまとめ方のよさや，直したほうがいいところを見つけ，アドバイスや意見を考える。（相互評価）
  - ☆友達から出された意見や質問をこれからのまとめに取り入れる。

育てる力
D1：言語力
E2：ICT活用力

| ABOUT | 課題調査② | 2h |

どうしたらごみを減らせるだろう
8〜9　ごみを減らすための実践をしよう
- 各グループの提案をもとに実践する。
  - ☆保護者の協力を要請し，自主的，意欲的な実践となるようにする。
- 実践結果を情報交換し，よかった点や新たな課題，改善点を見いだす。

育てる力
E1：情報活用力
E2：ICT活用力

| | 交流協働① | 2h |

10〜11　実践をもとに，ごみを減らすよりよい方法を考えよう
- ごみ削減プロジェクト集会に向けた提案のまとめをする。
  - （集会は，保護者向け，全校児童向けなど各校の実態に応じる。）
- 提案資料作成のほかに，集会のお知らせをまとめたポスター，案内状などを作成する。

育てる力
B2：自立的修正力
D2：協働力
C1：創造力
C2：革新性

| FOR | 提案発信 | 1h |

12　ごみ削減プロジェクト集会を開こう
- 学年発表の反省をもとに，見に来た人にもわかるように発表する。
  - ☆下級生にもわかる発表の仕方（言葉遣い・内容）を工夫する。
  - ☆見に来てくれた人へのアンケートを実施，集計する。
  - ☆集会の様子，ごみ削減に向けた提案などを学校ホームページに掲載する。

育てる力
D1：言語力
E2：ICT活用力

| | 実践行動 | |

○今までの活動の成果，反省をもとに，さらに実践を進めていく。

育てる力
D2：協働力
F1：地域や国際社会への市民性

| | 評価 | |

○ごみ削減に向け，意欲的に実践している。
○友達と協力しながら調査活動を行ったり，発表したりしている。
○実践をもとに新たな課題を見つけたり，改善点を見いだしたりしている。

育てる力
B1：自己認識力
B2：自立的修正力

| IN | 新たな課題設定 | 1h |

13　地球にやさしい生活をするために，他にどんなことができるだろう
- ごみ削減から発展させて，自分にできることを見つけようとする。

育てる力
A1：客観的思考力
F2：キャリア設計力

環境

単元プラン

「つくばスタイル科」（環境）単元プラン【平成24年度版】

単元名	水とともに生きる「ヤゴ救出大作戦」	学　年	第5学年
		総時間	15時間

環境

単元プラン

主な内容	☑環境　　キャリア　　歴史・文化　　福祉　　国際理解　☑科学技術　☑豊かな心
単元目標	○学校のプールにいるヤゴなどの水生生物を救出して育てたり，近くの池やビオトープなどに放したりすることにより，命の大切さを知ることで，学校周辺の環境について学習する。➡（A1，A2） ○救出したヤゴの一部を飼育しながら羽化の様子などを観察・記録し，疑問に思ったことやわかったことについて自分や他の学校の児童と意見交換ができる。➡（D2，E1） ◎生き物や人間のくらしと水とのかかわりを考え，環境保全意識を高める。➡（B1，E2）
単元構想	町の中では，きれいな水辺がほとんどなくなってしまい，そこにすんでいた水生昆虫も次々と姿を消していっている中，学校のプールは秋から翌年の春にかけて，ヤゴなどの水生昆虫の貴重なオアシスとなっている。ところがプール掃除のとき，これらの水生昆虫は全て流されてしまう。そこで，どんな生物がプールにすみついているのか，プール掃除前に採取して調査し，育ててみる。題して「ヤゴ救出大作戦」。 　この活動をとおして，児童はヤゴなどの水生昆虫に対する興味・関心と，命を大切にし，環境を守っていこうとする意識を高めていく。 　また，ヤゴを飼育するために，ヤゴの種類や飼育方法をインターネットなどで調べ，疑問に思ったことやわかったことを，スタディノートでまとめ，つくば市全ての小学生が見ることができるスタディノートの掲示板に掲載し，自校や他校の児童と意見を交流することでICTを活用し，協働して学習を進めることができる。
プロジェクト型学習の視点	児童が採取したヤゴの種類をアカトンボ型，シオカラトンボ型，ヤンマ型，イトトンボ型など大まかに同定し，それぞれの数を，スタディノートの掲示板を通じて他校と意見交換し，市内の地域ごとの違いについて考える。 　電子メールなどでヤゴに対する疑問を研究機関や他校の児童に質問をする。
本質的課題	○自然と共生する生活とはどのようなものだろう
単元課題	○生き物が生きていくために必要な環境条件とは何だろう ○生き物が生活しやすい環境をどうつくっていけばよいだろう

IN	課題発見①	3h		育てる力

生き物が生きていくために必要な環境条件とは何だろう

1　「ヤゴ救出大作戦」について話し合おう
- ヤゴ救出大作戦の目的や準備物を調べる。
  ☆ワークシートを用意し，ヤゴ救出大作戦の目的や今後どのような物が必要か調べる。

2～3　ヤゴの種類や生態，飼育方法について調べよう
- 図書やインターネット，研究所などへの問い合わせによりヤゴの種類，生態，飼い方について調べ，ノートに記録する。
- わかったことをグループ内で発表し，友達の調べた内容で良かったことをノートに記録する。
  ☆外部講師（つくば科学出前レクチャーなど）の活用

育てる力
A1：客観的思考力
A2：問題発見力

| IN | 課題発見② | 4h |

4〜7 「ヤゴ救出大作戦」をして，ヤゴの種類を数えよう
- ヤゴ救出大作戦の手順やヤゴの分類のポイントを調べる。
- ヤゴの採集をする。
  - ☆体操服の半袖・短パンに着替え，飼育用ペットボトル，網を持ちプールに集合し，プールサイドで靴を履き替え，班に分かれ活動する。
- ヤゴの種類を数える。
  - ☆自分の班で採集したヤゴを，掲示したヤゴ分類表をもとに数える。
- 活動を振り返る。
  - ☆グループで話し合い，わかったことなどを全体で発表する。
- 取ったヤゴを教室に移動する。
  - ☆グループで協力して，ヤゴを教室まで移動する。
- 救出したヤゴを育て，学校の池やビオトープなどに放すことにより，命の尊さや大切さを感じたり，ヤゴの育ちやすい環境について考えたりする。
  - ☆休み時間などにヤゴの観察や世話をする。

育てる力
A1：客観的思考力
A2：問題発見力

| ABOUT | 課題調査 | 1h |

8 ヤゴを飼育して，羽化させよう
- 飼育容器をつくり，ヤゴの世話をし，様子を記録しよう。
  - ☆飼育容器に1〜2匹のヤゴを，羽化するまで世話をし，観察する。
  - ☆観察日，気づいたことや疑問に思ったことをノートに記録したり，ヤゴの様子をスタディノートポケットで写真を撮ったりする。
- 以上の活動をとおして，ヤゴの生態やヤゴのすみやすい環境，ヤゴの種類による個体数の違いなど，疑問に思ったことから課題を見つける。

育てる力
A2：問題発見力

| | まとめ① | 3h |

9〜11 「ヤゴ救出大作戦」をスタディノートにまとめよう
- 救出作戦のときの様子，ヤゴの飼育記録，ヤゴを育てるために必要な環境やヤゴの生態についてわかったこと，ヤゴについて不思議に思ったことなどをスタディノートにまとめる。

育てる力
E1：情報活用力
E2：ICT活用力

| | 交流協働 | 1h |

12 ヤゴについて意見交換をしよう
- スタディノートの掲示板をとおして，他の児童と感想やアドバイス，自分が知っていることを書き込む。
- 疑問を電子メールやファックスなどで研究機関や他校の児童に質問をする。
  - ☆意見交換をする学校や研究機関には事前に意見交換をすることについてお願いをしておく。

育てる力
E2：ICT活用力
D2：協働力

| | まとめ② | 1h |

13 「ヤゴ救出大作戦」をスタディノートにさらにまとめよう
- 意見交換をもとに，今までのノートをさらにまとめる。
- ヤゴにとってすみやすい環境について自分の考えをノートに加える。

育てる力
E2：ICT活用力
F1：地域や国際社会への市民性

| FOR | 提案発信 | 1h |

==生き物が生活しやすい環境をどうつくっていけばよいだろう==

14 「ヤゴ救出大作戦」を発表しよう
- スタディノートの掲示板に自分がまとめたノートを掲示する。
- 自校や他校の児童がまとめたノートを見る。

育てる力
E2：ICT活用力
D2：協働力

| | 実践行動 | 1h |

15 「ヤゴ救出大作戦」を振り返ろう
- 「ヤゴ救出大作戦」の学習をとおして，わかったことや，感想，自分たちが環境に対してしなければならないことは何か，学級の中で話し合う。

育てる力
D2：協働力
F1：地域や国際社会への市民性

| | 評価 | |

- 「ヤゴ救出大作戦」の学習をとおして，自分の活動についての「がんばり度」をワークシートに書き込む。

育てる力
B1：自己認識力

| IN | 新たな課題設定 | |

- 「ヤゴ救出大作戦」の学習で疑問に思ったこと，さらに調べたいと思ったことについてワークシートに書き込む。

育てる力
A1：客観的思考力

環境　単元プラン

「つくばスタイル科」（環境）単元プラン【平成24年度版】

単元名　ストップ！地球温暖化

学　年｜第6学年
総時間｜15時間

環境
単元プラン

主な内容	☑環境｜キャリア｜歴史・文化｜福祉｜国際理解｜☑科学技術｜☑豊かな心
単元目標	○産業や技術の進化と地球温暖化の関係について調べ，地球で起きているさまざまな環境問題について話し合う。➡（A2，B2） ○日本が有する環境技術やつくば市や企業の環境負荷低減についてのさまざまな取り組みを調べ，実社会についての興味関心を深める。➡（D1，E1） ◎持続可能な社会の実現のために自分なりの低減策を考え，つくば市の推進する「つくば環境スタイル」への提言を行い，学校や家庭，地域の人々の環境意識の向上に貢献する。➡（C2，F1）
単元構想	児童は下学年でも節電や節水，ごみの分別などについて学んでおり，地球温暖化や3Rなど，環境問題についてもある程度の知識を持っている。自分たちでできることには取り組んでいこうという意識も芽生えている。 　本単元では前半で地球温暖化の原因やそのために起こっている問題について考え，身近な生活でできる環境負荷低減の活動「エコアクション」を計画・実施し，効果のあった取り組みをシールやポスターにして，家庭や地域に呼びかける活動を行う。 　後半では，つくば市や研究機関・企業の環境負荷低減のための活動に触れ，自分なりの低減策を考え，つくば市の推進する「つくば環境スタイル」への提言を行うことで，市民としての主体的に参画する意欲を高められることを期待する。
プロジェクト型学習の視点	より多くの人が環境負荷の低減を意識した生活を送れるよう，節電や節水を呼びかけるシールやポスターを作成し，学校や家庭，地域に配布する。 　環境問題についての知識の習得のみでなく，つくば市や研究機関・企業の環境負荷低減のための活動に触れ，自分なりの低減策を考え，つくば市の推進する「つくば環境スタイル」への提言を行うことで，市民としての主体的に参画する意欲を高められるようにする。
本質的課題	○持続可能な社会の実現のためには何が必要だろう
単元課題	○人は自然や環境とどのように共生しているのだろう ○人が自然や環境と共生するために大切なことは何だろう ○人が自然や環境と共生するために私たちに何ができるだろう

IN　課題発見　1h

人は自然や環境とどのように共生しているのだろう

1　地球温暖化って何だろう
- 過去・将来の気温変化，温室効果ガスの種類とはたらき，人間の生活と二酸化炭素排出の関係などについて調べる。
  ☆大学や研究所の方（つくば科学出前レクチャーなど）をゲストティーチャーとして活用してもよい。
- 「二酸化炭素を減らしておこづかいをゲットだ大作戦」の実施。
- 温暖化のメリットとデメリットを調べ，その影響について考える。

育てる力
A1：客観的思考力
A2：問題発見力

ABOUT　課題調査①　2h

2〜3　二酸化炭素排出量を削減するにはどのような方法があるだろう
- 学校生活や家庭生活で取り組めることだけでなく，研究機関や企業が研究開発しているような事例についても調べる。
- 発生量を減らす方法や吸収量を増やす方法，効果の大きな方法，長く取り組める方法，簡単に取り組める方法など多角的に検討する。
  例）太陽光発電，バイオマス，電気自動車，森林保護など

育てる力
E1：情報活用力
E2：ICT活用力

- 「エコアクション」で二酸化炭素を削減する方法に取り組む。
- 二酸化炭素を削減する方法について調べたことやすでに取り組んでいることをグループで共有する。

育てる力
C1：創造力
D2：協働力

【自分で実践する「エコアクション」を決め，1週間ほど実践する。】
- 取り組めた項目の排出削減量を記録していく。

まとめ①　1h
4　「エコアクション」を振り返ろう
- エコアクションでどのくらいの二酸化炭素を削減できたかの取り組みとその結果について学級で共有し，効果のあったもの，継続して続けられるものについて話し合う。

育てる力
B2：自立的修正力
C2：革新性

FOR　提案発信①　3h
5～7　「エコアクション」を広げよう
- より多くの人に実践してもらうために「エコアクション」を広めるための方法を考える。
  例）スタディノートで節電シールやポスターをつくり，掲示する。

育てる力
D1：言語力
E2：ICT活用力

ABOUT　課題調査②　2h
人が自然や環境と共生するために大切なことは何だろう
8～9　つくば市や研究機関・企業では二酸化炭素排出削減のためにどのような活動をしているのか調べよう
- 「つくば環境スタイル」とは何だろう。【例 GT：市環境都市推進課】
- 研究機関や企業ではどのような二酸化炭素排出削減策を考えているのかを調べる。
  例）太陽光発電，バイオマスエネルギー，電気自動車，森林保護など

育てる力
E1：情報活用力
E2：ICT活用力

まとめ②　2h
10～11　「つくば環境スタイル」への提言を考えよう
- 市の目標「2030年までに二酸化炭素排出量50％削減」を達成するためにどのような取り組みがあるか調べる。
  ☆研究機関や企業の活動で取り入れられるものを参考にする。
【市への提言をスタディノートにまとめる】
  1）提言したい内容の整理
  2）目的に合わせた構成
  3）情報収集
  4）原稿，プレゼンテーションの準備

育てる力
C2：革新性
D1：言語力

交流協働　2h
人が自然や環境と共生するために私たちに何ができるだろう
12～13　考えたことを中学生に発表しよう
- わかりやすく伝えるための工夫をする。【中学校との連携】
  1）テレビ会議や電子掲示板を使い中学生にチェックしてもらう。
  2）中学生からの意見をもとに構成や不足情報などを再度検討する。
  3）原稿，プレゼンテーション資料の仕上げをする。

育てる力
B2：自立的修正力
E2：ICT活用力

FOR　提案発信②　1h
14　「つくば環境スタイル」へ提言しよう
- 校内プレゼンテーション（学年集会，全校朝会，授業参観など）または校外プレゼンテーション（市プレゼンテーションコンテストへの参加，環境都市推進室へDVD送付など）

育てる力
D2：協働力
F1：地域や国際社会への市民性

評価
- 提言を聞いてもらった人からの感想を共有する。

育てる力
B1：自己認識力
B2：自立的修正力

IN　新たな課題設定　1h
15　これからの生活について考えよう
- 二酸化炭素50％削減のために，自分たちが果たすべき役割を考える。
  ☆感想を学級全体で共有する。
  ☆提言をして終わりではなく，二酸化炭素50％削減のために行動していくことが大切であることを確認する。

育てる力
A1：客観的思考力
F2：キャリア設計力

環境　単元プラン

「つくばスタイル科」（環境）単元プラン【平成24年度版】

| 単元名 | 環境問題を見つめなおそう | 学年｜第7学年　総時間｜15時間 |

主な内容	☑環境 ｜ キャリア ｜ 歴史・文化 ｜ 福祉 ｜ 国際理解 ｜ ☑科学技術 ｜ ☑豊かな心
単元目標	○環境問題について関心をもち，特定の環境問題について課題を自ら設定し，体験的な活動や調査活動をとおして課題を解決することができる。➡（A2，B2） ○いろいろな課題研究から情報を得て，整理統合し，まとめ方や表現の方法を工夫することで，環境問題に対する自分の考えを深める。➡（D1，E2） ◎自ら研究した情報や他グループなどから得た情報などを基に，自分なりに考察して発信することで，家庭や地域の環境問題に貢献する。➡（D2，F2）
単元構想	今までに環境問題について学んできた知識はグローバルな問題が多い。そのため，生徒が生活している地域で起こっている，さまざまな環境に関する変化や環境破壊などについても，意識して考え，行動する必要がある。 　そこで，これまで学んだことを基に，まずは身近な環境問題（私の家の二酸化炭素排出量）について考え，改善方法を考察する。この一連の過程を応用することで，さらに他の環境問題についても考え，家庭や地域に，身近なところからできる改善方法を提言していきたい。 　この活動をとおして，多くの環境問題に対して，その原因と影響に関する科学的な知識と考え方を習得する。さらに環境問題が，身近なことと切り離すことはできないことを再認識することで，個人の意識の大切さを認識できるようにする。
プロジェクト型学習の視点	環境問題を改善するためにさまざまな方策がとられているが，多くの場合，国や企業レベルで取り組んでいることが多く取り上げられているため，身近なこととしてとらえにくい点がある。そこで，家庭でもできる対策を提言し，最も伝わりやすく，効果的な方法としてホームページでの公開や，チラシのようにわかりやすく工夫された印刷物などで情報を発信する。
本質的課題	○持続可能な社会の実現のためには何が必要だろう
単元課題	○私たちが地球環境を守るためにできることは何だろう ○社会の発展のために必要な環境保全とは何だろう

IN　課題発見　1h

私たちが地球環境を守るためにできることは何だろう

1　環境問題とは何だろう
- 今までの環境問題の知識を共有し，本題材の流れを確認する。
- 地球温暖化問題について詳しく話を聞く（ゲストティーチャー）。
  - ☆地球温暖化の原因と影響を，ゲストティーチャーを招いたり補助教材(ppt)を用いたりして正確に理解する（つくば科学出前レクチャーなどの活用）。
- 二酸化炭素排出の現状を調べる。
  - ☆補助教材を用いて，温室効果ガス排出の現状を調べる。

育てる力
A1：客観的思考力
A2：問題発見力

ABOUT　課題調査①　3h

2〜4　私の家の二酸化炭素排出量について考えよう
- 「ECO健康診断カルテ」を活用して，自分の家の二酸化炭素排出量（重さ）を調べ，家庭で排出する二酸化炭素を減らすにはどのような工夫が必要かを考える。
- 調査した結果から，家庭で排出する二酸化炭素を減らす手立てについてまとめる。
  - ☆http://jkk.suiri.tsukuba.ac.jp/teachers からダウンロードして活用する。

育てる力
A1：客観的思考力
E1：情報活用力

| 交流協働① | 1h |

5　報告会をしよう
- 私の家の二酸化炭素排出量と，家庭で排出する二酸化炭素を減らす方法について発表する。

育てる力
B2：自立的修正力
D1：言語力

| まとめ① | 1h |

6　今までわかったことをまとめよう
- 自分でまとめた結果と報告会でわかったことから，これまでの学習を振り返る。

育てる力
C1：創造力
C2：革新性

| FOR | 提案発信① | 1h |

7　二酸化炭素削減プランをつくろう
- 私の家に住んでいる家族に向けて，二酸化炭素削減プランを作成し，効果的な方法を家族に提案する。

育てる力
C1：創造力
D1：言語力

| ABOUT | 課題調査② | 3h |

社会の発展のために必要な環境保全とは何だろう

8〜10　さまざまな環境問題について考えよう
- 特定の環境問題について課題研究を行う。
  ☆環境問題について自分がどのように関わっているか，また，どうしたら改善できるかを調べる。

育てる力
E1：情報活用力
E2：ICT活用力

| 交流協働② | 1h |

11　報告会をしよう
- 調査した環境問題について，その内容や自分とのかかわり，自分でできる改善方法などを発表する。
  ☆データはスタディノートにまとめ，発表プレゼンテーション資料とする。
  ☆電子掲示板に掲載し，他校との交流を図る。

育てる力
B2：自立的修正力
D2：協働力

| まとめ② | 1h |

12　今までわかったことをまとめよう
- さまざまな環境問題と，家庭でできる対策がわかったので，改善していきたい。

育てる力
C1：創造力
C2：革新性

| FOR | 提案発信② | 1h |

13　情報を発信しよう
- 家庭でできる環境問題改善策案をホームページに掲載したり，印刷物（チラシのように見やすくデザインするなど）にして各家庭に配布したりする。

育てる力
D1：言語力
E2：ICT活用力

| 実践行動 | 1h |

14　家庭で実践しよう
- チェック表などを作成し，実際に家庭で実践してみる。

育てる力
D2：協働力
F1：地域や国際社会への市民性

| 評価 |

○主体的に調査・研究ができたか，わかりやすい発表ができたか，家庭で実践して効果が上がったか。

育てる力
B1：自己認識力
B2：自立的修正力

| IN | 新たな課題設定 | 1h |

15　環境問題をより広い視野で見てみよう
- つくば市では，茨城県では，そして日本では，どのような取り組みをし，どのように効果が上がっているのかという視点で新たな課題を設定する。

育てる力
A1：客観的思考力
F2：キャリア設計力

環境　単元プラン

「つくばスタイル科」（環境）単元プラン 【平成24年度版】

単元名	環境問題を克服する人類の英知	学　年	第8学年
		総時間	15時間

主な内容	☑環境 ｜ キャリア ｜ 歴史・文化 ｜ 福祉 ｜ 国際理解 ｜ ☑科学技術 ｜ ☑豊かな心
単元目標	○地球温暖化対策についての事例を調べ，今後どのような取り組みが必要なのか課題をとらえる。➡（A1，A2） ◎困難な環境問題を解決するために創意工夫し，望ましい取り組みについて自分の考えをまとめることができる。➡（C1，C2） ○自ら研究した課題やまわりの人が研究した内容をもとに，研究結果を家庭や地域へ広く発信する。➡（D2，F1）
単元構想	ここでは，これまで学習してきた環境問題について，日常生活とのかかわりの強い多面的な取り組みについて扱う。 　その1つの例としてエネルギー問題については，東日本大震災後，電力不足から計画停電などが実施されたため，学校や家庭において節電が奨励されるようになったことで電力エネルギーに対する関心が高まった。そこで新聞記事やインターネット上の情報を積極的に活用し，被災地や電力不足など社会的事象に関心をもつことで，多様な電力供給の方法の特徴を理解し，自分の考えをまとめる学習に取り組むようにする。 　同様に，公共交通機関の現状や活用，カーシェアリングなどの交通分野の取り組み，エコマークやカーボンフットプリントなどの生産・流通分野の取り組みなど，現在，行われているさまざまな環境問題を意識し，解決していこうとする取り組みに目を向けていく。 　この活動をとおして，現在，行われている環境問題改善に対する事例を理解し，さらに創意工夫することで，環境問題に関する意識の向上や改善への意欲をもてるようにしたい。
プロジェクト型学習の視点	環境問題を身近な視点でとらえることを，これまで学習してきたことをもとに，地域や社会のシステムの中でどのように取り組んでいるのかを考えていく。さらに，その取り組みに創意工夫していくことで，課題を自分の生活と絡めて意識し発信していく。
本質的課題	○持続可能な社会の実現のためには何が必要だろう
単元課題	○「環境にやさしい社会」とはどのようなものだろう ○「環境にやさしい社会」の実現には何が必要だろう

IN　課題発見①　1h

「環境にやさしい社会」とはどのようなものだろう

1　私たちのくらしのエコを考えよう
- 自分の家や地域で行っている環境に配慮した取り組みを発表し合い，現在，社会で取り組んでいることを振り返り，自分たちが取り組む必要があることなどについて考える。
  ☆7年生までの取り組みや結果について振り返って比較する。

育てる力
A1：客観的思考力
A2：問題発見力

ABOUT　課題調査①　2h

2～3　私の家の二酸化炭素排出量について考えよう
- 「ECO健康診断カルテ」を活用して，自分の家の二酸化炭素排出量（重さ）を調べる。
  ☆http://jkk.suiri.tsukuba.ac.jp/teachers からダウンロードして活用する。
- 7年生の調査と比較し，改善内容と要因などについて考えていく。

育てる力
A1：客観的思考力
E1：情報活用力

交流協働①　1h

4　報告会をしよう
- 昨年度と比較して，改善された点や改善されなかった点やその要因などについて発表し，今後の生活に生かしていく。

育てる力
B2：自立的修正力
D1：言語力

| IN | 課題発見② | 2h |

5〜6　地域社会では，温暖化問題にどのように取り組んでいるのだろう

- 地球温暖化対策に焦点をあて，幾つかの事例についての取り組みを調べる。
  - ○エネルギー分野の取り組み
    - さまざまな発電方法や使い方の工夫など
    - ☆諸外国との比較，計画停電など，日本の電力エネルギーの現状を調べる。
  - ○交通分野の取り組み
    - 公共交通機関，カーシェアリングなど
    - ☆公共交通の利便性（つくバス）やエコ通勤（自転車道）など，身近に行われている節約法などについて調べる。
  - ○生産・流通分野の取り組み
    - エコマーク，カーボンフットプリントなど
    - ☆普段意識しないで使っている日用品などが，どこで生産され，どのように流通しているのか，その仕組みなどを理解する。
    - ☆外部講師（つくば科学出前レクチャーなど）の活用（筑波大学，環境研，土木研，農業・食品産業技術研など）

育てる力
A1：客観的思考力
A2：問題発見力

| ABOUT | 課題調査② | 4h |

「環境にやさしい社会」の実現には何が必要だろう

7〜10　自分のテーマを決めて課題研究をしよう

- エネルギー分野，交通分野，生産・流通分野を中心にして，自分のテーマを決めて研究を進める。
- それぞれの内容全体でなく，1つのことに絞り込んで調査していく。
- インターネットや新聞，本だけでなく，聞き取り調査などを行うとよい。
  ☆必ず最後に自分の考えや改善策などを加えていくようにする。

育てる力
E1：情報活用力
E2：ICT活用力

| 交流協働① | 1h |

11　研究内容について交流しよう

- グループを中心に調べてきたこと，考えたことを発表し合い，疑問点や新たな課題を確認する。
  ☆自分が考えたよりよい方法について，意見をもらうことで，さらに考えを深められるようにする。

育てる力
D1：言語力
D2：協働力

| まとめ① | 1h |

12　自分の考えを深めよう

- 交流をもとに，自分が調べたこと，さらに改善していける内容などを提案としてまとめる。

育てる力
B1：自己認識力
B2：自立的修正力

| FOR | 提案発信② | 1h |

13　自分がまとめたプランを提案しよう

- スタディノートなどを活用して，プレゼンテーションをする。
  ☆調べた内容の説明と取り組みの様子，改善できる点について自分なりの案で提示する。

育てる力
C1：創造力
C2：革新性

| 実践行動 |

（随時）自分でできるところは実際に行ってみる。家族や地域の人に対しても自分の考えた内容を伝えて実行を呼びかける。

育てる力
D2：協働力
F1：地域や国際社会への市民性

| 評価 | 1h |

14　活動を振り返り，自分の考えたプランを再確認しよう

- 自己評価，相互評価する
- 家族や地域の人から意見をもらう。

育てる力
B1：自己認識力
B2：自立的修正力

| IN | 新たな課題設定 | 1h |

15　社会ではさらにどんな取り組みが必要なのだろう

- 社会でのさまざまな分野に目を向けていくとともに，自分はどのようなことができるのか考えていく。

育てる力
A1：客観的思考力
F2：キャリア設計力

環境

単元プラン

「つくばスタイル科」（環境）単元プラン【平成24年度版】

単元名	私たちが守る地球の未来	学　年	第9学年
		総時間	15時間

主な内容	☑環境 ｜ キャリア ｜ 歴史・文化 ｜ 福祉 ｜ 国際理解 ｜ ☑科学技術 ｜ ☑豊かな心
単元目標	○環境問題について取り組んでいる研究者や研究所の方の話を聞き，自分の考えと比較しながら，その取り組みや工夫について理解する。➡（A2，B2） ○興味をもった環境問題について，文献調査やフィールドワークなどの探究活動を行い，その問題の解決策について自分なりに考えを深める。➡（D1，E1） ◎自分が環境問題に対してできることを考え，実際に行動に移す計画を立て，社会貢献をする意識を高める。➡（F1，F2）
単元構想	先の震災後，社会の中では以前にも増して環境に対する意識が高まり，生徒や保護者にもその傾向は見られる。また，総合的な学習の時間においては，中1・2年生と環境に関する学習を進めてきた。その学習活動の中では，身近な環境について理解を深めたり，環境問題の解決に向けたさまざまな取り組みについて探究活動を行ったりしてきた。このような学習において，環境問題に対して自分は何ができるかという社会参画の意識を高め，自分にできることを行動に移す態度を育成することは，これからの現代社会の中で必要なことである。 　本単元では，単なるインターネットや文献による調べ学習やインタビューなどの探究活動に終始することなく，それぞれの環境問題に対して自分は何ができるかを考え，それを「つくば市への提言」として発信するという活動につなげたい。
プロジェクト型学習の視点	つくば市の環境について探究活動をした結果，現状や問題点，課題などが明らかになる。そこで，課題に対して自分なりの解決策や改善策を考え，よりよい地域をつくろうという意識を高める活動を取り入れる。また，単に考えを友達同士で発表し合うだけではなく，「つくば市への提言」という形で自分の考えをまとめさせたい。プレゼンテーションコンテストのように発表風景をビデオで撮影し，校内での優秀作品は市民や市長へ紹介するという方法も考えられる。
本質的課題	○未来をつくるのは何だろう
単元課題	○環境にやさしいつくば市にするには何が必要なのだろう ○自分は環境に対してどんなことができるだろう

IN　課題発見①　1h

環境にやさしいつくば市にするには何が必要なのだろう

1　つくば市の環境や環境への取り組みについて知ろう
- ゲストティーチャーの話から，自分が環境について興味をもった話題や観点を考える。
  ☆外部講師（つくば科学出前レクチャーなど）の活用（筑波大学，環境研，国総研，土木研など）

育てる力
A1：客観的思考力
A2：問題発見力

課題発見②　1h

2　私の家の二酸化炭素排出量について考えよう
- 第7・8学年と行ってきたECO健康診断を行い，3年間の推移を読み取る。
- 節電に関する取り組みについて，成果や課題点をグループで話し合う。
  ☆http://jkk.suiri.tsukuba.ac.jp/teachers からダウンロードして活用する
- 1,2時間目の活動を踏まえて，今年はどのようなテーマで活動を進めるかを考える。
  ☆ゲストティーチャーの話，ECO健康診断，第7・8学年の活動をとおしてどんなことに興味をもったか，いくつかに絞っていくようにする。

育てる力
A1：客観的思考力
E1：情報活用力

| ABOUT | 課題調査① | 1h |

3〜8　テーマを決めて課題研究しよう
○課題を決める
- 前時までの活動から，今年のテーマを決める。
- テーマ設定の理由を考える。
- 「つくば市への提言」という形で自分の考えをまとめることをおさえる。

○学習計画を立てる
- 発表方法はどのように行うか，見通しをもっておく。

育てる力
A1：客観的思考力
A2：問題発見力

| | 課題調査② | 3h |

○探究活動を行う
- 計画に従って探究活動を行う。
- 図書室の本やインターネットなどを使い，調べ学習を進める。

○フィールドワークの計画を立てて，アポイントをとる
- 研究所や大学などの専門機関に取材を行う計画を立てる。
- 質問したい内容に合った取材先を決定する。
  例）つくば市の環境課題への取り組みを調べる。

育てる力
E1：情報活用力
E2：ICT活用力

| | 課題調査③ | 2h |

○フィールドワークを実施する
- 交通安全や公共のマナーに気を付けて行動する。
- 緊急時の連絡方法について確認しておく。
- 礼儀正しく取材活動ができるようにする。

育てる力
D2：協働力
E1：情報活用力

| | 交流協働 | 1h |

9　中間発表会を行おう
- 現時点においてわかったことや，今後に調査が必要なこと，新たな疑問点や課題についてまとめ，グループで話し合う。
- 友達の発表を聞いて，アドバイスや感想を伝える。

育てる力
B2：自立的修正力
D2：協働力

| | 課題調査 | 1h |

10　さらに探究活動を進めよう
- 友達からのアドバイスをもとに，活動を修正する。
- つくば市の環境に対して行動できる具体的なアイディアをまとめる。
  ☆「つくば市への提言」という形で自分の言葉でまとめ，社会参画の意識や公民的資質を向上できるようにしたい。

育てる力
C1：創造力
C2：革新性

| | まとめ | 2h |

11〜12　探究した結果をまとめよう
- 探究活動した内容をスタディノートなどにまとめる。
- まとめる方法はスタディノートに限定することなく，ポスターセッションや模造紙など，各自が目的に合った方法を選択する。

育てる力
C1：創造力
F2：キャリア設計力

| FOR | 提案発信 | 1h |

13　調査した結果を発表し合おう
- 発表内容が偏らないよう，グループ分けを行う。
- 他学年や小学生，PTAに向けて発表をする機会を設ける。
  ☆未来をつくるために，自分たちは何ができるかに視点をおいて考える。

育てる力
D1：言語力
E2：ICT活用力

| | 実践行動 | 1h |

自分は環境に対してどんなことができるだろう

14　提言を伝えよう
- 発表内容の評価が優れているグループは，「つくば市への提言」として，発表風景をビデオに録画する。

育てる力
D2：協働力
F1：地域や国際社会への市民性

| | 評価 | |

- 自己評価を行う
○環境問題についての取り組みや工夫を理解することができている。
○探究活動を行い，自分なりに考えをもつことができている。
○環境問題に対してできることを考え，社会貢献の意識が高まっている。

育てる力
B1：自己認識力
B2：自立的修正力

| IN | 新たな課題設定 | 1h |

15　未来のためにできることを考えよう
- 評価や今までの活動を総括して，将来，環境市民として取り組みたいことや，今後に自分が取り組めそうな内容を作文に書く。
- 発表し合うことで，環境問題や持続可能な社会への関心をさらに高める。

育てる力
A1：客観的思考力
F2：キャリア設計力

環境　単元プラン

第4章
「つくばスタイル科」の構成

② キャリア単元

1　単元の構成について

　キャリアの単元は，これまで各小・中学校において実施してきたキャリア教育の内容を中心に取りまとめ，児童生徒の発達段階を踏まえた上で，9年間の系統性を図り，作成したものである。

　まず，1年生から2年生では，「人とのかかわりにおいて大切なことは何だろう」を課題として，友達とのかかわり，1年生とのかかわり，家族とのかかわりについて学んでいく。その活動をとおして人と人とのかかわりを意識し，他者とどう接していけばよいのか，また，自分自身でできることは何か，身のまわりの人の役割にはどのようなものがあるかを，自分なりに考えて発見していくことができるようにしていく。

　3年生から4年生では，「地域の魅力に必要なものは何だろう」を課題として，自分たちの地域の様子や仕事について学ぶことで，「他校に自慢したい地域のよさ」という視点で校外学習などを行っていく。また，地域の人々のくらしを支えるさまざまな施設について調べていく。その活動をとおして，地域の一員としての自分たちの姿を考えることができるようにしていく。

　5年生から6年生では，「社会を知ること，その社会と関わるために必要なことは何だろう」を課題に，高学年に必要な心構え，ものづくりに携わる人々の努力や工夫について学んでいく。その活動をとおして，自分らしさや自分のよさに気づき，仕事への価値や自分のめざす生き方を見つけることができるようにしていく。

　7年生から8年生では，「人々が共生する社会とはどのようなものだろう」を課題として，社会のしくみ，人や地域とのかかわり，職業の社会的役割，働く意義について学んでいく。この中では，つくば市の各中学校で取り組んでいる「職場体験学習」をとおして，人とのかかわりに大切なことや地域のためにできること，人間関係を円滑にする方法などについて考え，実践していくことができるようにする。

　9年生では，これまでの学習の総まとめとして，「未来をつくるのは何だろう」を課題に，今の自分たちが地域や社会に向けてできること，将来にみんなを喜ばせられることについて考え，企画・デザインし，発信していくことで，地域社会の一員として行動できることをめざしていく。

2　単元づくりの取り組みについて

　つくば市では，以前からキャリア教育を，重点を置いて進める教育の1つとして進めてきた。全国的に各学校において行われているキャリア教育の実践はもちろんのこと，つくば市では次世代キャリア教育カリキュラムを独自の取り組みにより，キャリア教育に対する意識の高揚と実践力の育成を図っている。

[ポイント]
- 将来，子どもたちが直面するであろうさまざまな課題に対して柔軟にかつたくましく対応し，社会人・職業人として自立していくために，子どもたち一人一人の勤労観・職業観を育てるキャリア教育の充実
- 子どもたちの発達の段階に応じて，学校の教育活動全体をとおした組織的・系統的なキャリア教育の推進
- 特別活動や「つくばスタイル科」など，各教科等の特質に応じた横断的かつ探究型・思考支援型学習の推進
- 各小・中学校が本カリキュラムを共有することによる，小中一貫教育の一層の推進
- つくばの地域素材・教育資源を生かした，次世代型キャリア教育の実践による学校と地域の連携強化

3　これまでのキャリア単元の実践

　これまでに，つくば市の各小・中学校で行ってきた取り組みをいくつかを紹介する。

（1）地域・社会との連携（働く人とのふれあい）
ア　農家見学

　第3学年社会科の学習で農家の見学を行った。農家で使用しているトラクターや芝刈り機などの機械を見学し，その後，実際に乗らせていただいた。その他，肥料まき機やコンバインにも触れることができた。畑に移動し，畑で育てている農作物の見学をした。事前に考えた質問などを積極的に行い，農家の方に答えていただいた。教科書や社会科副読本ではわからない新たな発見もあり，働くことの大切さを改めて感じることができた。

▲農家の方の話　　　▲畑での説明

第4章
「つくばスタイル科」の構成

2 キャリア単元

イ お店見学

第2学年の生活科で「まち探検」を行った。実際に，お店などの中に入り，働いている方にインタビューする活動をとおして，仕事の大変さや苦労を知ることができた。児童は事前に「仕事の秘密がわかる質問」を考える学習を行った。「子どもに人気のあるパンはどれですか？」「車が一番売れるのは何月ですか？」「母の日には，どれぐらいカーネーションが売れるのですか？」など，さまざまな質問を考え，店員の方に答えていただいた。今回の見学をとおして，学習したことをスタディノートにまとめることで，学習の振り返りが可能になる。そして，将来の子どもたちの進路選択決定の一助となることができたと考えられる。

▲車販売店でのインタビュー　　▲パン屋でのインタビュー

ウ 市の施設見学

第4学年の社会科の学習で消防署の見学に行った。消防士の仕事についてビデオを見ることで，仕事の内容を理解することができた。そして，実際に，通信指令室や消防車を見学した。消防車には，タンク車・はしご車・ポンプ車などがあることを知り，それぞれの機能の説明を聞き，驚くことがあった。児童は見学をとおして，消防士の仕事の大変さと使命感を知ることができ，将来の職業について考える場となった。

▲消防署での説明

第4章 「つくばスタイル科」の構成

2 キャリア単元

（2）地域・社会との連携（働くこととのふれあい）

ア　出前授業

小中一貫教育を基盤としたキャリア教育の実践の一環として，学園内の小・中学校にて新聞記者による出前授業を実施した。

内容は環境についての講話や記事の書き方・まとめ方・職業人としての生き方についてであった。その際，テレビ会議を活用し，他校でも同じ学習内容で行っているグループとの意見交換の場を設定した。新聞記者の話を聞くことで，職業に対する考え方をしっかりともつことができ，児童生徒が将来について考えるよい機会となった。

▲新聞記者による出前授業

イ　職場体験学習

市内の中学校では，第8学年のキャリア学習の中で職場体験学習を実施している。学校によって職種はさまざまであるが，多くの事業所（主に学校近隣）の協力を得て，体験学習を行っている。仕事始めの時間が早朝からの事業所もあったり，野菜の収穫，幼児の保育，介護の現場の体験，飲食店での接客をしたりと，生徒は緊張と不安の連続だったようである。しかし，学校の中では得られないことをたくさん経験した生徒にとって，今回の体験学習は自分の人生を見つけていくための素晴らしい機会であり，働くことの大切さや大変さを学ぶことができた。

▲スーパーマーケットでの職場体験学習　　▲整備工場での職場体験学習

▲農家での職場体験学習

第4章 「つくばスタイル科」の構成

2 キャリア単元

「つくばスタイル科」（キャリア）単元一覧【平成24年度版】

学年	1年	2年	3年	4年
単元名	大好き！私の学校・家族	ふやそう！自分のできること	紹介しよう！人・地域・つくばの自慢	ふれあおう！人と人
主な内容	キャリア／豊かな心	キャリア／豊かな心	キャリア／歴史・文化／豊かな心	キャリア／環境／豊かな心
単元目標	○作業の準備や片付け，決められた時間やきまりを知り，守る。(A2,B2) ○友達やまわりの人にあいさつをすることで，かかわり合いを深める。(C1,D1) ◎当番活動や家庭の仕事の手伝いに取り組み，みんなのために役立つ。(D2,F1)	○自分の生活を振り返り，人に対して自分たちにできることを考える。(A1,A2,B1) ○交流会などの体験活動などをとおして，人との接し方を学ぶ。(C2) ◎身のまわりで働いている人から，さまざまな人の役割を知ることの大切さを知る。(E1,F2)	○まち探検などの活動をとおして，いろいろな職業があることを知る。(A1) ○自分たちが見つけた仕事を，他校と連携を図って，伝え合い，共通点や相違点を考えるなど仕事についての知識を深める。(B2,D2,E2) ◎自分が住む地域のよさ（自慢）を発見し，広めようと積極的に関わり行動する。(C2,F1)	○互いの考えの共通点や相違点を知り，相手の気持ちを考えて行動する。(A1) ○地域の安全・安心を支える人々の仕事についてまとめ，他者と意見交換し，さらに考えを深める。(A2,C2,E1) ◎地域の人たちとつながり，支え合い，助け合っていくことの大切さを実感し，地域社会の一員として，自分たちにできることを考える。(D2,F2)

			1年	2年	3年	4年
Ⅰ 思考に関するスキル	A 問題解決	A1 客観的思考力		○	○	○
		A2 問題発見力	○	○		○
	B 自己マネジメント	B1 自己認識力		○		
		B2 自立的修正力	○		○	
	C 創造革新	C1 創造力	○			
		C2 革新性（イノベーション）			◎	◎
Ⅱ 行動に関するスキル	D 相互作用	D1 言語力（コミュニケーション）	○			
		D2 協働力（コラボレーション）	◎		○	◎
Ⅲ 手段・道具を活用するスキル	E 情報ICT	E1 情報活用力		◎		○
		E2 ICT活用力			○	
Ⅳ 世界市民としての力	F つくば市民	F1 地域や国際社会への市民性	◎		◎	
		F2 キャリア設計力		◎		◎

	1年	2年	3年	4年
本質的課題	人とのかかわりにおいて大切なことは何だろう		地域の魅力に必要なものは何だろう	
単元課題	○どうして人に喜んでもらうとうれしいのだろう ○学校のみんなと仲良くするためには，どうしたらいいのだろう ○自分のことを自分でするために，何から始めたらいいのだろう ○家族のために自分にできることは何だろう	○役割って何だろう ○1年生のために自分ができることは何だろう ○友達やクラスのために自分ができることは何だろう ○身のまわりには，どんな役割があるのだろう	○一番伝えたいつくばの自慢は何だろう ○自己紹介をしよう ○つくばにはどんな仕事があるのだろう ○他校に自慢したい地域のよさは何だろう ○友達のよさ，自分のよさは何だろう	○人々のくらしを支えるものは何だろう ○人々のくらしを支える施設や人には，どのような役割があるのだろう ○学校生活をよりよくするために，どんな役割が果たせるだろう
学習活動（概要）	**学校のみんなと仲良くなるためには，どうしたらいいのだろう** 1 みんなの名前を覚えよう，自分の名前を覚えてもらおう 2 自己紹介をしよう 3 おにいさん，おねえさんにあいさつをしよう 4 学校で仕事をする人たちにあいさつをしよう **自分のことを自分でするために，何から始めたらいいのだろう** 5 学校のきまりを知ろう 6 お片付けの大切さを知ろう 7～8 そうじの大切さを知ろう 9 そうじをしてみよう **家族のために，自分にできることは何だろう** 10 家の仕事を知り，自分にできることは何かを考えよう 11 お手伝い作戦の計画を発表しよう 12 お手伝い作戦報告会	**1年生のために自分ができることは何だろう** 1 1年生のためになかよし会（歓迎会）を開こう 2 これから1年生にしてあげられることは何だろう **友達やクラスのために自分ができることは何だろう** 3 新しい学年・学級に必要な仕事を考えよう 4 係活動を振り返ろう **身のまわりの人には，どんな役割があるのだろう** 5～11 見つけたよ，知ってるよ，こんな人 12 これからの私	**自己紹介をしよう** 1 伝えよう自分のこと，見つめよう自分のこと **つくばにはどんな仕事があるのだろう** 2 学校のまわりにはどんな仕事があるかな 3 まち探検から新しい仕事を発見（校外学習） 4～5 他校のまわりにはどんな仕事があるかな 6 どんな仕事があったか，まとめよう **他校に自慢したい地域のよさは何だろう** 7～8 ○○の自慢を見つけよう 9～10 ○○の自慢をまとめよう 11 まとめたことを，発信しよう **友達のよさ，自分のよさは何だろう** 12 友達のよさを発見しよう・自分のよさを確認しよう	**人々のくらしを支える施設や人には，どのような役割があるのだろう** 1 人々のくらしを支えるために，地域にはどんな施設があるのだろう 2 自分の考えを伝えよう 3～6 地域の人々のくらしを支えるために，施設や人はどうつながっているのだろう（自助・共助） 7～8 学んだことをまとめよう 9 学んだことを発信しよう **学校生活をよりよくするために，どんな役割が果たせるだろう** 10～11 学校や学級で担う役割を見直し，改善の手立てを考えよう 12 地域の一員としての私たち

コミュニケーションスキルについて

児童生徒の発達段階や実態に応じて，以下を適宜，実施することとする。

1) **グループエンカウンター**
エンカウンターとは出会うという意味。学級づくりにも活用。人間関係づくりや相互理解，協力して問題解決する力の育成。集団の持つプラスの力を最大限に引き出す方法。

2) **ピアサポート活動**
児童生徒同士が互いに支え合える関係をつくるプログラム。「ウォーミングアップ・主活動・振り返り」という流れを一単位として積み重ねる。

3) **ソーシャルスキルトレーニング**
相手理解・自分の思いや考えを適切に伝える。人間関係を円滑にする。問題解決・集団行動に参加する。

4) **アサーショントレーニング**
対人場面で自分の伝えたいことをしっかりと伝えるためのトレーニング。断る・要求するといった葛藤場面での自己表現や，ほめる・感謝する・嬉しい気持ちを表す・援助を申し出るといった他者とのかかわりをより円滑にする社会的行動の獲得。

5) **アンガーマネジメント**
自分の中に生じた怒りの対処法を段階的に学ぶ方法。『切れる』行動に対して，「切れる前の身体的感覚に焦点を当てる」「身体感覚を外在化しコントロールの対象とする」「感情をコントロールして会話する」などの役割を踏んで，怒りなどの否定的感情をコントロール可能な形に変える。また，呼吸法や動作法，リラックス法なども学ぶ。

6) **ストレスマネジメント教育**
さまざまなストレスに対する対処法を学ぶ。ストレスについての知識を学び，その後にリラクゼーション・対処法を学ぶ。

7) **ライフスキルトレーニング**
自分自身の体や心，命を守り，健康に生きるためのトレーニング。「セルフエスティームの維持」「意思決定のスキル」「目標決定のスキル」などの獲得。喫煙・飲酒・薬物・性などの課題に対処する方法。

8) **キャリアカウンセリング**
職業生活に焦点を当てて，自己理解を図り，将来の生き方を考え，自分の目標に必要な力の育て方や，職業的な目標の意味について明確になるよう，カウンセリング的方法で関わる。

学びの3つのステップ	In			

第4章 「つくばスタイル科」の構成

2 キャリア単元

◎は最重要項目

5年	6年	7年	8年	9年
見つめよう！社会・仲間・自分	広げよう！夢・希望	自分に気づこう！実社会に触れて学ぶ	自分を知ろう！実社会での体験	デザインしよう！将来の自分
キャリア／環境／歴史・文化／豊かな心	キャリア／福祉／国際理解／豊かな心	キャリア／豊かな心	キャリア／福祉／豊かな心	キャリア／環境／福祉／科学技術／豊かな心
○工業製品が自分たちの生活にもたらす便利さやくらしの変化に気づく。(A1) ◎働く人とコミュニケーションを図ることをとおして，仕事に対する思いや工夫・努力に触れる。(D2,E1) ○働く人たちから学んだことを生かし，自分たちにできることを考える。(B2,C2,F2)	○身近な人とかかわりながら，職業に対する考え方や生き方を知る。(A2,F1) ◎職業人の仕事のやりがいや生き方について学んだことから，自分の生き方について考えを深める。(B1,D1) ○将来の夢や希望をもち，中学生と語り合う。(E2,F2)	○コミュニケーションスキルを身に付け，人と上手に連携をとりながら活動し，自分のよさや適性に気づく。(B1,D1) ○マーケティング活動をとおして，実社会に足りないものやみんなが望んでいるものを探り出す方法を理解する。(A1,F1) ○学園区をよりよくするための改善策を提言する。(C1,D2)	○実社会で活動していくためには，相手を尊重しつつ自分の意見を言ったり，人間関係を円滑にしたりすることが必要であることを知る。(B1,B2) ○職業人に触れたり聞いたりする中で，職業の社会的役割や意義に対して考えを深める。(F1,F2) ◎体験で学んだことや今後の自分がこれからどう生きていくかについて，級友や保護者に発信することで，自己の生き方を追求する。(C1,D2)	○リーダーとフォロワーの立場を理解し，チームを組んで互いに支え合いながら企画・デザインをすることを理解する。(A2,C2) ◎さまざまなアイディアを出し合い，よりよいものを企画・デザインするために，企業の人からアドバイスをもらい，考えを修正しながら活動を進める。(B2,E1) ○将来の夢や希望に向かって，自己の生き方を考える。(D1,F2)
		○		○
	○		○	○
		◎	◎	○
○				
		○	○	
○				
	◎	◎	○	○
◎				◎
	○			
		○	○	
○	○	○	○	○
社会を知ること，その社会と関わるために必要なことは何だろう		人々が共生する社会とはどのようなものだろう		未来をつくるのは何だろう
○自分のよさって何だろう ○高学年に必要なことは何だろう ○「ものづくり」に携わる人は，どんな努力や工夫をしているのだろう ○「ものづくり」に携わる人たちが大切にしていることで，私たちが学ぶべきことは何だろう ○自分らしさとは何だろう	○自分の将来に向かって身に付ける必要がある力やスキルは何だろう ○仕事にはどんな価値があるのだろう ○どうすれば自分がめざす生き方を見つけられるだろう	○社会のしくみから見える自分の特徴は何だろう ○人と関わる時に大切なことは何だろう ○地域のために自分ができることは何だろう	○社会の中で自分ができることは何だろう ○人間関係を円滑にするにはどうすればいいのだろう ○職業の社会的役割・働く意義とは何だろう	○地域や社会に向けて何ができるだろう ○ニーズを実現する設計・デザインのためには何をすればよいのだろう ○どのように自分を設計・デザインしていくのだろう
高学年に必要なことは何だろう 1 高学年の心構え，役割，責任を知り，目標を立てよう 2 新しい仲間をつくろう **「ものづくり」に携わる人は，どんな努力や工夫をしているのだろう** 〈例1〉 3 家電製品と私たちの生活とのかかわりを知ろう 4 家電製品の進化と私たちの生活を考えよう 5 工業生産を支える人々の役割と工夫を知ろう 6 ものづくりを支える人々のエコアイディア～企業講師から話を聞こう～ 〈例2〉 3 自動車づくりの疑問を見つけよう 4～5 働く人にインタビューしよう 6 働く人から学んだことをまとめよう **「ものづくり」に携わる人たちが大切にしていることで，私たちが学ぶべきことは何だろう** 7～9「今」の自分たちにできることを考えよう 10～11 企業や地域の人から，アドバイスをもらおう 12～13 グループごとにまとめよう 14 自分たちの考えを発信しよう **自分らしさとは何だろう** 15 自分の長所に気づき，自分らしさを発揮しよう	**仕事にはどんな価値があるのだろう** 1 知っている仕事とその価値について考えよう 2 身近な人から，働くことと生き方について学ぼう 3～5 職業人から生き方を学ぼう 6～7 学んだことをまとめよう 8～10 まとめたことを他校と情報交換し，情報を深めよう **どうすれば自分がめざす生き方を見つけられるだろう** 11～12 自分の将来の夢や目標を思い描こう 13～14 自分がめざす生き方を語り合おう 15 活動を振り返り，3年後の自分に手紙を書こう	**人と関わる時に大切なこととは何だろう** 1 ソーシャルスキルを学ぼう 2 人と上手に関わり合っていくためには，どんなことに配慮しなければいけないかを知り，その能力を身に付けよう **地域のために自分ができることは何だろう** 3 社会のしくみに触れよう 4 職場見学をまとめよう 5 マーケティングの手法を知ろう 6～7 自分が住んでいる地域を今まで以上によくしていくために，マーケティング調査をして，改善プランをつくろう 8～9 マーケティングから見えた課題を解決するためのプランを考えよう 10 自分が住んでいる地域の改善プランをつくるために，必要なことは何だったのかを話し合い，確認することで，マーケティングに必要な力を伸ばしていこう 11 自分たちがまとめた改善プランを提案しよう 12 地域の人を招待して，改善プランを聞いてもらおう 13 地域の人と改善プランを実行しよう 14 活動を振り返り，何が自分のよさかを確認しよう 15 継続した活動をとおして，地域がどのように変わってきたか，その変化の様子を見てみよう	**人間関係を円滑にするにはどうすればいいのだろう** 1～2 スキルアップのトレーニングを行って，社会的スキルを身に付けよう 3～4 企業人や講師と連携し，社会人として必要なスキルについて考えよう 5 実社会で活躍する人がもっているソーシャルスキルについて考えよう **職業の社会的役割・働く意義とは何だろう** 6 職業体験後の振り返りから，自分は何を感じ，学んだのかをまとめる 7 職業の社会的意義を話し合いの中で考える 8 自分の感じたこと・考えたことをワークシートにまとめる 9～11 体験のまとめのプレゼンテーションを作成しよう 12～13 プレゼンテーションを行う 14 振り返りを行う 15 他者の生き方を受け入れ，自分の内面に迫る	**地域や社会に向けて何ができるだろう** 1 さまざまな人の生き方や考え方を知ろう 2 今，地域や社会で問題になっていることにはどんなことがあるだろう **ニーズを実現する設計・デザインのためには何をすればよいのだろう** 3～5 設計をするために，リサーチをしよう 6～10 将来，大人になった時に，みんなが喜んでくれるものやこと，人を考え，企画・デザインしよう 11～12 チームで再検討して，デザインしよう 13～14 プレゼンテーションを行う **どのように自分を設計・デザインしていくのだろう** 15 活動を振り返り，他者の企画・デザインを受け入れ，関心を高める自分を認識する
	About		For	

「つくばスタイル科」(キャリア) 単元プラン 【平成24年度版】

単元名　大好き！私の学校・家族

学　年 | 第1学年
総時間 | 12時間

キャリア　単元プラン

主な内容	環境 ｜ ☑キャリア ｜ 歴史・文化 ｜ 福祉 ｜ 国際理解 ｜ 科学技術 ｜ ☑豊かな心
単元目標	○作業の準備や片付け，決められた時間やきまりを知り，守る。➡（A2，B2） ○友達やまわりの人にあいさつをしていくことで，かかわり合いを深める。➡（C1，D1） ◎当番活動や家庭の仕事の手伝いに取り組み，みんなのために役立つ。➡（D2，F1）
単元構想	1年生は，義務教育9年間の始まりであり，人間関係形成の基盤の時期である。 　キャリア形成をしていくには，教育活動全体をとおして学校や家で基本的な生活習慣を身に付け，人とのかかわりを学んでいくことが大切である。小学校に入学して，学校という新しい環境の場で，じゃんけんや自己紹介のゲーム，上級生とのふれあいをとおして，人とのかかわり方や楽しさを学んでいく。 　また，あいさつを意識することが人とのかかわりを増やし，友達と仲良くできる・仲良く遊べることにつながっていくことを体験をとおして学ばせたい。 　さらに，身のまわりのことが自分で行えるように，最も身近なそうじや片づけの大切さを知ること，その仕方を体得していくことが大切である。茨城県発行の「おてつだいちょう」を利用して，お手伝い作戦を計画し，実行・発表することで，「働くことの楽しさ」・「ありがとう」と言われることの成就感を味わわせていきたい。このようなことを働きかけていくことで，学校や家族が大好きという気持ちを育んでいきたい。
プロジェクト型学習の視点	学校の友達や家族の役に立とうという意識を高められるよう，夏休みを利用して保護者とともに家事（お手伝い）を実践し，それを校内で発表する。
本質的課題	○人とのかかわりにおいて大切なことは何だろう
単元課題	○どうして人に喜んでもらうとうれしいのだろう ○学校のみんなと仲良くなるためには，どうしたらいいのだろう ○自分のことを自分でするために，何から始めたらいいのだろう ○家族のために自分ができることは何だろう

IN　課題発見　1h

学校のみんなと仲良くなるためには，どうしたらいいのだろう

1　みんなの名前を覚えよう，自分の名前を覚えてもらおう
- 教師主導で遊ぶ（先生とじゃんけん，じゃんけん列車など）
  ☆児童の名前を意識的に表に出しながら活動させる。
  ☆「クラスの子の名前は覚えたかな？」「どうしたら自分の名前を覚えてもらえるかな？」
　　などと問いかけることで，友達に目を向け，関わっていくことに興味をもたせる。
※生活科単元「みんななかよし（14時間扱い。4～6月）」と関連。

育てる力
A2：問題発見力

ABOUT　交流協働　1h

2　自己紹介をしよう
- 自己紹介ゲームをする。
- 名刺カードをかいて，クラスの友達と話す。
  （「よろしくね（と言って握手をするなど）」「好きな動物はね…」「私の名前は…」
　「好きな遊びは…」など。）
  ☆初めて出会った人へのあいさつの仕方を意識させる。
  ☆なかなか活動を進められない児童には，教師が誘って他の友達とかかわりをもたせる。

育てる力
D2：協働力

まとめ　1h

3　おにいさん，おねえさんにあいさつをしよう
- 歓迎会（2年生との交流会や1年生を迎える会など）に向けて，上級生にどんなあいさつをすればよいか，上級生と活動した後，どんな言葉をかけるかなど，前時の学習を生かして話し合う。
- 上級生と仲良くなるために名刺カードをつくる。
※生活科単元「みんななかよし（14時間扱い。4～6月）」と関連。

育てる力
C1：創造力
C2：革新性

| FOR | 提案発信 | 1h |

4　学校で仕事をする人たちにあいさつをしよう
- 学校探検で学校で働く人（校長先生，保健室の先生，主事さんなど）とあいさつをしたり，握手をしたりする。
- 学校で働く人のお話を聞き，話にそって質問したりしようとする。
　☆次の探検に向けて課題を見つけられるようにする。
※学校探検の時間と振り返りの時間を利用して学習する。
※生活科単元「みんななかよし（14時間扱い。4～6月）」と関連。

育てる力
D1：言語力
E2：ICT活用力

| IN | 課題発見 | 2h |

自分のことを自分でするために，何から始めたらいいのだろう

5　学校のきまりを知ろう
- 学校にはきまりがあることを知る。
　（例）道徳副読本などの絵を見て，時刻や時間を守る大切さについて考える。
　　　　時刻によって学校生活の区切りがあることを理解する。

6　お片付けの大切さを知ろう
- 整理，整頓，片付けの意味・必要性を学び，方法を習得し快適性についても体感する。
　（例）ダスキンのプログラム（お片付け）をダウンロードして利用する。
　　　　http://www.duskin.co.jp/torikumi/gakko/curriculum/okataduke/index.html
　（随時）朝の会の後などのすき間時間を使ってお道具箱やロッカーの整理をする。
　　　　→道徳的実践力を養う，片付け後の気持ちよさを振り返る。

育てる力
A1：客観的思考力
A2：問題発見力
B2：自立的修正力

| ABOUT | 交流協働 | 2h |

7～8　そうじの大切さを知ろう
　（例）ダスキンの「われらクリーン調査隊」をダウンロードして利用する。
　　　　http://www.duskin.co.jp/torikumi/gakko/curriculum/soujikyouiku/index.html
- どうして，そうじをするのだろうか。
- そうじ用具を正しく使おう。
- 学校そうじの正しい手順を知ろう。

育てる力
B2：自立的修正力
D2：協働力

| まとめ | 1h |

9　そうじをしてみよう
- そうじの正しい手順を知り，自分が使っている教室や学校をきれいにするために実践していく。

育てる力
C1：創造力

| 課題調査 | 1h |

家族のために，自分にできることは何だろう

10　家の仕事を知り，自分にできることは何かを考えよう
- 茨城県発行の「おてつだいちょう」を利用して，家庭にはどんな仕事があるか共有する。
- 自分にできる仕事は何か考え，お手伝い作戦の計画を立てる。

育てる力
C2：革新性
E1：情報活用力

| FOR | 提案発信 | 1h |

11　お手伝い作戦の計画を発表しよう
- お手伝い作戦の計画を発表し合い，疑問に思ったことを質問する。

育てる力
D1：言語力

| 実践行動 |

- 夏休み中に家庭でお手伝い作戦を実行する（家族と一緒に仕事をしてもよい）。
- 「おてつだいちょう」に記録を残し，自己評価をする。

育てる力
D2：協働力
F1：地域や国際社会への市民性

| 評価 |

- 家族にも評価をしてもらう。

育てる力
B1：自己認識力
B2：自立的修正力

| IN | 新たな課題設定 | 1h |

12　お手伝い作戦報告会
- グループや学級全体で，夏休みに行ったお手伝い作戦を報告し合い，感想を述べ合う。
　☆自分のことはもちろん，学校や家族のために働こうという意識をもたせる。

育てる力
A1：客観的思考力
F2：キャリア設計力

キャリア　単元プラン

「つくばスタイル科」（キャリア）単元プラン【平成24年度版】

単元名　ふやそう！自分のできること

学　年｜第2学年
総時間｜12時間

キャリア　単元プラン

主 な 内 容	環境｜☑ キャリア｜歴史・文化｜福祉｜国際理解｜科学技術｜☑ 豊かな心
単 元 目 標	○自分の生活を振り返り，人に対して自分たちにできることを考える。➡（A1, A2, B1） ○交流会などの体験活動をとおして，人との接し方を学ぶ。➡（C2） ◎身のまわりで働いている人から，さまざまな人の役割を知ることの大切さを知る。➡（E1, F2）
単 元 構 想	2年生は，これまで主として自分に向けられてきた視点が，友達や学校のまわり，自分の住んでいる地域などに少しずつ広がっていく時期にさしかかっている。 　2年生になったという喜びや自負は，新入生に向けて，自分のできることを考えて実践することによって自信に変わっていく。この時期をとらえ，自分にできることや自分の好きなこと・ものについて理解を深めさせることは適切である。 　係活動をとおして，学級の中で人の役に立つ仕事や役割，それらの必要性について考えていく。そして，現在の自分にできることを考え，実践していこうとする意欲をもたせていく。町探検で児童は場所・もの・人の視点からそれぞれの役割を見つける。係活動の振り返りや町探検における発見をとおして，さまざまな役割に対する理解を深め，自分にできることを増やしていきたい。
プロジェクト型学習の視点	自分ができることや友達に対する視野を広めるために，係活動や町探検などの体験活動をとおして，身のまわりにはどのような役割があるか発見し，友達同士で共有する。
本質的課題	○人とのかかわりにおいて大切なことは何だろう
単 元 課 題	○役割って何だろう ○1年生のために自分ができることは何だろう ○友達やクラスのために自分ができることは何だろう ○身のまわりには，どんな役割があるのだろう

IN　課題発見　1h

1年生のために自分ができることは何だろう
1　1年生のためになかよし会（歓迎会）を開こう
・なかよし会や新入生歓迎会の企画を考え，2年生として1年生に何ができるかを考える。
・会の進行や役割分担について決める。

育てる力
A2：問題発見力

ABOUT　交流協働

（随時）なかよし会を開こう
・休み時間や生活科の時間などを活用して，1年生と交流する。
・1年生と活動する中で，昨年の自分を思い出しながら，接し方を考える。
※生活科単元「春はっけん」（24時間扱い4〜5月）と関連。

FOR　実践行動　1h
2　これから1年生にしてあげられることは何だろう
・なかよし会などの活動を振り返り，今後，1年生にしてあげること，自分ができそうなことについて話し合う。
　☆縦割りで当番活動，係活動など行い，実践を共にできる場面を設定する。
（随時）話し合ったことを実践させる。

育てる力
A1：客観的思考力
D2：協働力

| IN | 課題調査 | 1h |

友達やクラスのために自分ができることは何だろう
3　新しい学年・学級に必要な仕事を考えよう
- １年生の時の係活動の内容や役割を見直す。
- 話し合いを行い，新しい係を決める。
- これから行う係活動について，自分なりの見通しやめあてをもつ。

育てる力
B1：自己認識力

| ABOUT | 交流協働 | |

（随時）係や学級の仕事をやろう
- 担当する係の仕事を行い，めあてに対して自己評価など行う。

| FOR | 実践行動 | 1h |

4　係活動を振り返ろう（振り返り：月ごとや学期終了時などに実施）
- 自分が取り組んできた係活動について振り返りを行い，新たな活動に対する意欲をもつ。

育てる力
B1：自己認識力
C2：革新力

| IN | 課題発見 | 1h |

身のまわりの人には，どんな役割があるのだろう
5〜11　見つけたよ，知ってるよ，こんな人
- 係活動など自分の仕事から，話題をまち探検や普段の生活で知っていることに広げ，身近な人がどんな役割をもっているか共有する。

育てる力
A2：問題発見力

| ABOUT | 交流協働 | 3h |

- 学校のまわりの探検の計画を立てる。
  ☆デジタルカメラなどを使って探検の記録をとる。
- 探検を振り返り，見つけたことを共有する。
- 学校のまわり探検や，夏休み中の出来事，地域での出来事を思い出し，自分の好きな場所・人・ものを友達に紹介する。
- 紹介し合ったことを，場所，もの，人という３つの視点で仲間分けする。
- 探検を振り返り，地域の身近な人がどのような役割をもっていたのか話し合う。

育てる力
E1：情報活用力
D1：言語力

| | まとめ | 1h |

- グループごとにスタディノートなどを使って，探検をとおしてわかったこと，気づいたこと，考えたことをまとめる。

育てる力
E1：情報活用力
E2：ICT活用力

| FOR | 提案発信 | 1h |

- ワークショップ形式などで発表する。
- お世話になった方を招待する。

※生活科単元「わたしの町はっけん」（32時間扱い９〜11月）と関連

育てる力
E2：ICT活用力

| | 評価 | 1h |

- 相互評価，自己評価をする。
- 活動を振り返り，役割とは何だと思うかを話し合う。

育てる力
D1：言語力

| IN | 新たな課題設定 | 1h |

12　これからの私
- 一年をとおして，自分ができるようになったこと，行動してよかったと思えることなどを振り返る。
- 友達のがんばったことやよいところを見つけ，今後の生活で自分にできることを考える。

育てる力
D2：協働力
F2：キャリア設計力

「つくばスタイル科」（キャリア）単元プラン【平成24年度版】

単元名	紹介しよう！人・地域・つくばの自慢	学 年	第3学年
		総時間	12時間

キャリア　単元プラン

主 な 内 容	環境｜☑ **キャリア**｜☑ **歴史・文化**｜福祉｜国際理解｜科学技術｜☑ **豊かな心**
単 元 目 標	○まち探検などの活動をとおして，いろいろな職業があることを知る。➡（A1） ○自分たちが見つけた仕事を，他校と連携を図って，伝え合い，共通点や相違点を考えるなど仕事についての知識を深める。➡（B2，D2，E2） ◎自分が住む地域のよさ（自慢）を発見し，広めようと積極的に関わり行動する。➡（C2，F1）
単 元 構 想	3年生は地域から市内のまち探検に出て，働く人と私たちについて学んでいく。 　つくば市には，いろいろな公共施設があり，大型店や研究機関，そして日本百名山の1つである筑波山や田園風景がある。そこには，必ず働く人がおり，地域を支え合ってつながっている。さらに，つくば市は南北30キロメートルにわたる広範囲な地域であるため，地域によってもさまざまな特色がある。 　いろいろ調べていくことで，その中には自分たちが自慢できるものや人，仕事がある。これらを見つけ，市内の学校と情報交換をすることで，自分たちの考えを広げ合い，考えも深め合うことができる。そして，この情報を地域交流センターなどに掲示したり，県の「いばらきの魅力再発見事業」として各学校のホームページに記載したりして情報を発信していく。 　これらの活動をとおして「伝統・文化に関する教育」の充実を図るため，郷土の伝統や文化に触れる学習から，体験をもとに学んだ郷土の伝統や文化を発信する学習を行う。そして，郷土を愛する心を醸成していくとともに，グループ活動をとおして，友達のよさに気づき，自分のよさの発見につなげる。
プロジェクト型学習の視点	自分たちの身近にある「人・地域・つくば」から調べてきたことをもとに，同じ課題をもつ者でグループをつくり，グループごとにまとめる。まとめたものを，地域交流センターなど公共的な場に掲示したり，各学校のホームページに記載したりする。
本 質 的 課 題	○地域の魅力に必要なものは何だろう
単 元 課 題	○一番伝えたいつくばの自慢は何だろう ○自己紹介をしよう ○つくばにはどんな仕事があるのだろう ○他校に自慢したい地域のよさは何だろう ○友達のよさ，自分のよさは何だろう

IN　課題発見　2h

育てる力
A1：客観的思考力
A2：問題発見力

自己紹介をしよう
1　伝えよう自分のこと，見つめよう自分のこと
・新しい出会い，新しい仲間をつくるために，自分のことを伝える。
・友達のことを知る。
　☆客観的に自分のことを見られるように言葉かけをしていく。

つくばにはどんな仕事があるのだろう
2　学校のまわりにはどんな仕事があるかな
・身近な施設から，つくば（学区，身のまわり）にはどんな仕事をする人がいるのか調べる。

| ABOUT | 課題調査 | 1h |

3 まち探検から新しい仕事を発見（校外学習）

- まち探検や校外学習などで出かける時に，見えるもの（建物，風景，人など）から，どんな仕事があるのか考えてメモをする。
- メモや写真をもとにして，どんな仕事をしている人がいたか話し合う。

※社会科「わたしたちのまち　みんなのまち〜学校のまわり（4－5月12時間扱い）」
　　　「はたらく人とわたしたちのくらし（9－12月27時間扱い）」と関連。

育てる力　E1：情報活用力

| 交流協働 | 2h |

4〜5 他校のまわりはどんな仕事があるかな

- つくば市内の他校とテレビ会議を使って情報交換をする。

育てる力
E2：ICT活用力
B2：自立的修正力
D2：協働力

| まとめ | 1h |

6 どんな仕事があったか，まとめよう

- どんな仕事をする人がいたか，模造紙や付箋紙を使ってまとめる。
※社会科「はたらく人とわたしたちのくらし」と関連。

育てる力
C1：創造力
C2：革新性

| 課題調査 | 2h |

他校に自慢したい地域のよさは何だろう

7〜8 ○○の自慢を見つけよう

- 関わってきた人，地域から自分が自慢したいもの・人・仕事を見つけ，さらに調べる。
- 自分が自慢したいもの・人・仕事などを，自分なりにまとめる。

育てる力　E1：情報活用力

| 交流協働 |

- 実際に話を聞く。地域を見に行く。

育てる力　B2：自立的修正力

| まとめ | 2h |

9〜10 ○○の自慢をまとめよう

- 調べてきたことをもとに，同じ課題をもった者でグループをつくり，グループごとにまとめる。
☆まとめの最後に，（次年度小単元「働く人たちから環境について学ぼう」「働く人と人とのつながりを学ぼう」など）次へつながる感想や意見などを，意識的に入れるよう助言する。

育てる力
C1：創造力
C2：革新性

| FOR | 提案発信 | 1h |

11 まとめたことを，発信しよう

- まとめたものを，地域交流センターなどの公共的な場に掲示したり，ホームページに記載したりする。
- 情報発信する時に気をつけなければならないこと（著作権や情報の信ぴょう性など）を確認する。

育てる力　D1：言語力

| 実践行動 |

（随時）
- これを機会に，地域の人から，自分たちの知らない自慢したいもの・人・仕事などを教えてもらったり，情報を収集したりして，掲示物やホームページの更新をしていく。

育てる力
D2：協働力
F1：地域や国際社会への市民性

| 評価 |

- いろいろな人からコメントをもらう。
- 相互評価，自己評価をする。

育てる力
B1：自己認識力
B2：自立的修正力

| IN | 新たな課題設定 | 1h |

友達のよさ，自分のよさは何だろう

12 友達のよさを発見しよう・自分のよさを確認しよう

- これまでの活動を振り返りながら，友達のよさを発見する。
☆友達のよさを発見すると同時に，友達に発見してもらった自分のよさを受けとめ，自分のよさの発見につなげる。

育てる力
A1：客観的思考力
F2：キャリア設計力

キャリア　単元プラン

「つくばスタイル科」（キャリア）単元プラン 【平成24年度版】

単元名	ふれあおう！ 人と人	学　年	第4学年
		総時間	12時間

主 な 内 容	☑環境 ｜ ☑キャリア ｜ 歴史・文化 ｜ 福祉 ｜ 国際理解 ｜ 科学技術 ｜ ☑豊かな心
単 元 目 標	○互いの考えの共通点や相違点を知り，相手の気持ちを考えて行動する。➡ （A1） ○地域の安全・安心を支える人々の仕事についてまとめ，他者と意見交換し，さらに考えを深める。➡ （A2, C2, E1） ◎地域の人たちとつながり，支え合い，助け合っていくことの大切さを実感し，地域社会の一員として，自分たちにできることを考える。➡ （D2, F2）
単 元 構 想	本学年では，第3学年までの自分自身を見つめる学習活動を基盤として，自分を取り巻く周囲の人々の存在へと視点を広げていく。本単元においては，周囲の人々と良好な人間関係を築いていくためのスキルを身に付け，向上させること，また，自分の役割や果たすべき責任があることに気づき，行動につなげることが主なねらいである。 　第4学年は，小中一貫教育（4-3-2学年制）第1期の最終学年である。児童は思春期の入り口にさしかかり，自分自身をより深く見つめ，自分を取り巻く社会や環境にも広く目を向け始める。そのため，社会における仕事や活動の多くが，自分の生活と深く関わっていることを理解させるには，適切な時期であると考える。 　社会科の学習とも関連させて，市役所，消防署や警察署などの公共施設を見学し，それらの仕事は自分たちが快適で安全・安心に暮らすために必要不可欠であることに気づき，地域の一員として自分の役割を果たすこと（自助）や，人と人とが互いに助け合いながら地域コミュニティを支えていること（共助）への理解を深めていく。 　社会を支える仕事の意義やしくみについて十分に理解を深めた児童は，自分の所属する学校や学級に目を転じたとき，新たな視点から自分たちの活動内容や役割を見直すことができるであろう。役割を自覚し，責任を果たしていくために，他者と協力しながら，改善点を見いだしたり新たな提案をしたりすることのできる児童の育成をめざしたい。
プロジェクト型学習の視点	地域の一員としての自覚や役割意識を高められるよう，市役所，消防署や警察署などの市内の施設を見学し，地域の快適で安全・安心なくらしを支える人々について調べ，学習成果を他学年や他の小・中学校，保護者，地域に向けて発信する。
本質的課題	○地域の魅力に必要なものは何だろう
単元課題	○人々のくらしを支えるものは何だろう ○人々のくらしを支える施設や人には，どのような役割があるのだろう ○学校生活をよりよくするために，どんな役割が果たせるだろう

キャリア　単元プラン

IN　　課題発見　　1h

人々のくらしを支える施設や人には，どのような役割があるのだろう

1　人々のくらしを支えるために，地域にはどんな施設があるのだろう

- 地域（つくば市内）の人々の安全・安心なくらしを支える施設には，どのようなものがあるか共有する
  - ☆市役所，消防署や警察署など市内の施設の他に，安全・安心を幅広くとらえて，高齢者福祉施設や地域交流センターなど児童が関心をもつ施設を選択させる。
- それらの施設では，どのような人が働いていて，どのような役割（仕事）を担っているかを推測する。
- ※社会科単元「くらしをまもる」（19時間扱い，4月～6月）と関連させ，施設見学などの時間を社会科と関連させ扱う。

育てる力

A2：問題発見力

> ＊実際の施設見学
> ☆デジタルカメラなどを使って見学の記録をとる。
> ・それぞれの施設で働く人が，人々の安全・安心なくらしのためにどのような役割を担っているかを調べ，記録しておく。

育てる力　E1：情報活用力

ABOUT　課題調査　1h

2　自分の考えを伝えよう
- 見学をとおして自分が感じたことや考えたこと，もっと調べたいと考えていることをメモに書き出す。
- メモをもとに，1〜3分間程度のスピーチ原稿にまとめる。
- 友達の発表を聞き，意見を交流する。※朝の会など

育てる力　A1：客観的思考力／E1：情報活用力／D2：協働力

交流協働　4h

3〜6　地域の人々のくらしを支えるために，施設や人はどうつながっているのだろう（自助・共助）
- それぞれの施設とその施設で働く人が，相互に連携し，地域の人々と協力して，人々の安全・安心なくらしを支えるためにどのような工夫をしているのか，さらにどのようにつながっているのか考える。
- 疑問点については，図書資料を使ったり，メールやインタビューしたりして解決する。

育てる力　A2：問題発見力／D2：協働力／E1：情報活用力

まとめ　2h

7〜8　学んだことをまとめよう
- 第3学年国語の学習をもとに，一般的なレポートの形で，わかったことをまとめる。
- スタディノートなどを用いてレポートにまとめる。

育てる力　D1：言語力

FOR　提案発信　1h

9　学んだことを発信しよう
- 調べたことを発表し，人々のくらしは，さまざまな施設や人のつながりによって支えられていることを理解する。
（随時）
- 学習発表会や資料展示などをつうじて，他学年の児童や他校，保護者や地域に向けて発信する。

育てる力　E2：ICT活用力／D2：協働力

評価
- 相互評価，自己評価をする。
- 学習を振り返り，人々のくらしを支えるものは何かを話し合う。

実践行動　2h

学校生活をよりよくするために、どんな役割が果たせるだろう

10〜11　学校や学級で担う役割を見直し，改善の手立てを考えよう
- これまで行ってきた係や当番活動について振り返り，それらの活動を通じて学級，学校全体，さらには校区に対して，貢献できることは何か（自分たちにできることは何か）を考える。
- 当該の係や当番の構成員で反省するだけでなく，学級の友達や他学年，教師などから意見を募る。
- 学校生活をよりよいものにしていくために，自分たちが果たすべき役割を見直し，改善点について話し合う。

育てる力　B1：自己認識力／B2：自立的修正力／C2：革新性

評価
- 自己評価・他者評価をする（第三者的な立場からの評価）。

IN　新たな課題設定　1h

12　地域の一員としての私たち
- 第Ⅱ期（5年生）に向けて，自分たちが上級生として担うべき役割や新たにチャレンジしたい役割について考え，今後の生活への意欲を高める。

育てる力　F2：キャリア設計力

「つくばスタイル科」（キャリア）単元プラン【平成24年度版】

単元名	見つめよう！社会・仲間・自分	学　年	第5学年
		総時間	15時間

キャリア　単元プラン

主な内容	☑環境　☑キャリア　☑歴史・文化　　福祉　　国際理解　　科学技術　☑豊かな心
単元目標	○工業製品が自分たちの生活にもたらす便利さやくらしの変化に気づく。➡（A1） ◎働く人とコミュニケーションを図ることをとおして，仕事に対する思いや工夫・努力に触れる。 　➡（D2，E1） ○働く人たちから学んだことを生かし，自分たちにできることを考える。➡（B2，C2，F2）
単元構想	日本には，昔からものづくりに携わる職人がおり，連綿と続く歴史の中でその技術や秘伝を継承してきた。今もなお，この技術を継承し，未来に向かってものづくりに夢を託す人々がいる。ここでは，例として「家電製品」「自動車工場見学」を取り上げた。工業製品が自分たちの生活にもたらす便利さやくらしの変化を考えていく。また，1つのものの設計から完成に至るまでには，いろいろな人々が関わっていることを理解し，ものづくりにかける人々の思いや願いや環境への配慮など職業人の琴線に触れ，学習を深めていく。 　そして，「今」の自分たちにできることは何かを考えてグループごとに話し合い，そのプロセスの中で企業や地域の人からアドバイスをもらい，考えを発展させ，発信していく活動を行う。この発信には，「今」の自分たちの思いや願いが込められており，それは未来の自分にもつながっていく。第9学年で「未来の自分をデザインしよう」を学習する時に，5年生の時の自分とつなげて自己の生き方を考える糧にしていきたい。
プロジェクト型学習の視点	家電製品「登場の歴史」や自動車工場見学（社会科）の学習をもとに，「ものづくり」に携わる職人の精神や技術を引き継いでいくために，「今」の自分たちにできることは何かを考えてグループごとに話し合い，それらを下級生に伝えていく。
本質的課題	○社会を知ること，その社会と関わるために必要なことは何だろう
単元課題	○自分のよさって何だろう ○高学年に必要なことは何だろう ○「ものづくり」に携わる人は，どんな努力や工夫をしているのだろう ○「ものづくり」に携わる人たちが大切にしていることで，私たちが学ぶべきことは何だろう ○自分らしさとは何だろう

IN　課題発見　2h

高学年に必要なことは何だろう

1　**高学年の心構え，役割，責任を知り，目標を立てよう**
　☆昨年度の高学年の様子をスライドなどで見て，委員会をはじめ学校のための組織があることを知り，意欲を喚起する。
・自分は高学年としてどのようなことができるか考える。
・実際に高学年としての目標を立てる。
2　**新しい仲間をつくろう**
・新しい出会い，新しい仲間をつくるために，スキルを学ぶ。
　（手相占いゲーム，アサーショントレーニング，グループエンカウンターなど）

育てる力
A2：問題発見力
F2：キャリア設計力

F1：地域や国際社会への市民性

課題発見　1h

「ものづくり」に携わる人は，どんな努力や工夫をしているのだろう

※社会科「わたしたちの生活と工業生産（10～12月，24時間扱い）」と関連

<例1>　家電製品「登場の歴史」（「エコ・モノ語」を参考）
　http://panasonic.co.jp/cca/demae/ecomono/index.html から申し込み，全4時間（授業1～授業4）で実施
3　**家電製品と私たちの生活とのかかわりを知ろう**
・生活の中にどのように家電製品が入ってきたのかを知ることで家電製品と私たちの生活との関連について気づく。

育てる力
D1：言語力
E1：情報活用力

> **<例2> 自動車工場見学（校外学習との関連）**
> **3 自動車づくりの疑問を見つけよう**
> ・自動車と私たちの生活との関連（便利さやくらしの変化など）について考える。
> ・自動車づくりについての疑問を見つけ，働いている人へのインタビュー（努力や工夫，環境問題への取り組みなど）を考える。

ABOUT 課題調査 3h

育てる力
A1：客観的思考力
D1：言語力
E1：情報活用力

> **<例1> 家電製品「登場の歴史」（「エコ・モノ語」の活用）**
> **4 家電製品の進化と私たちの生活を考えよう**
> ・家電製品の進化の歴史を題材に，家電製品と自分たちの生活や社会の流れとの関連を考える。
> **5 工業生産を支える人々の役割と工夫を知ろう**
> ・ものづくりに携わる人々の役割と環境に対する工夫や努力を題材にして工業生産を支える人々の役割と工夫を理解し，学びを深める。
> **6 ものづくりを支える人々のエコアイディア ～企業講師から話を聞こう～**
> ・ものづくりに関わる人々の思いや工夫，努力を知る。
> ・学習のまとめをする。

> **<例2> 自動車工場見学（校外学習との関連）**
> **4～5 働く人にインタビューしよう**
> ・インタビューをとおして，自動車づくりの努力や工夫，環境問題への取り組みを知り，学びを深める。
> **6 働く人から学んだことをまとめよう**
> ・学習のまとめをする。

交流協働 5h

育てる力
A1：客観的思考力
C1：創造力
C2：革新性
D1：言語力
D2：協働力

「ものづくり」に携わる人たちが大切にしていることで，私たちが学ぶべきことは何だろう

7～9 「今」の自分たちにできることを考えよう
・働く人は未来に向かって「ものづくり」にどのような思いや夢を託していたかを話し合う。
・日本の「ものづくり」の技術や精神を引き継いでいくために，「今」の自分たちにできること・これからやらなければならないことを考える。
（例：自分がつくってみたい製品，してみたい仕事，エコとは何かなどについて考える。）
・グループごとに自分たちにできることなどについて話し合う。

B2：自立的修正力
D2：協働力

10～11 企業や地域の人から，アドバイスをもらおう
・企業や地域の人などに自分たちの考えている途中段階を話し，アドバイスをもらってさらに検討していく。

まとめ 2h

育てる力
D2：協働力
E1：情報活用力
E2：ICT活用力

12～13 グループごとにまとめよう
・スタディノートや模造紙などにまとめる。

FOR 提案発信 1h

育てる力
D1：言語力
E1：情報活用力
E2：ICT活用力

14 自分たちの考えを発信しよう
・アドバイスをもらった企業，地域などの人に自分たちの考えを発信する。
（テレビ会議やスタディノート掲示板の活用）

実践行動

育てる力
F1：地域や国際社会への市民性

（随時）
・家庭や社会の一員としての自分の役割を考え，自分にできることを実践していく。

評価

育てる力
B1：自己認識力
B2：自立的修正力

・企業，地域などの人からコメントをもらう（他者評価）。
・相互評価，自己評価をする。

IN 新たな課題設定 1h

育てる力
B1：自己認識力
B2：自立的修正力
F2：キャリア設計力

自分らしさとは何だろう

15 自分の長所に気づき，自分らしさを発揮しよう
　☆これまでの活動を振り返り，自己評価や相互評価から自分のよさに気づけるようにする。
・よさをどのように今後に生かしていくか，努力すべき点などにも触れる。

キャリア　単元プラン

「つくばスタイル科」（キャリア）単元プラン 【平成24年度版】

単元名: 広げよう! 夢・希望

学年｜第6学年
総時間｜15時間

キャリア 単元プラン

主な内容	環境　☑キャリア　歴史・文化　☑福祉　☑国際理解　科学技術　☑豊かな心
単元目標	○身近な人とかかわりながら，職業に対する考え方や生き方を知る。➡ (A2, F1) ◎職業人の仕事のやりがいや生き方について学んだことから，自分の生き方について考えを深める。➡ (B1, D1) ○将来の夢や希望をもち，中学生と語り合う。➡ (E2, F2)
単元構想	日本には，昔からものづくりにおいて，完成までのプロセスでものに命を吹き込み，日本古来の技術を継承してきた職人がいる。グローバル化に向けて，英語などをツールとして外国の人々とチームを組んで仕事に携わり技術革新に挑んでいる人々もいる。地域に根ざして，地域を支えている人々もいる。世の中は，さまざまな職業の人たちが結び付いて，つながって，支え合って，助け合っている。 　将来，国という垣根を超え，地球規模で動いていく世の中になる。他文化と共生していく中で，日本人としてのアイデンティティを大切にしていくことは，日本人としての誇りをもつことでもある。このような自己の生き方を確立していくためには，老若男女問わず，さまざまな人とコミュニケーションを図り，考え方や生き方に触れていくことが大切である。 　6年生としての「今」の自分の夢・希望を広げていくためにも，中学生と自分がめざす生き方を語り合うことをとおして小学生は中学生にあこがれを感じ，お互いに高め合えるようにしていきたい。
プロジェクト型学習の視点	企業や研究所，地域の方を招いて，職業に就いた理由や苦労，生き方を学び，自分の生き方に生かす。自分の夢や希望を広げ，中学生と夢を語り合い，お互いに高め合う。
本質的課題	○社会を知ること，その社会と関わるために必要なことは何だろう
単元課題	○自分の将来に向かって身に付ける必要がある力やスキルは何だろう ○仕事にはどんな価値があるのだろう ○どうすれば自分がめざす生き方を見つけられるだろう

IN　課題発見　2h

仕事にはどんな価値があるのだろう

1　知っている仕事とその価値について考えよう
- 自分が知っている仕事と，それぞれの仕事がどのようなことをするのかについて発表する。
- さまざまな職業について知り，職業観や生き方などを確認する。（「13歳のハローワーク」など）

2　身近な人から，働くことと生き方について学ぼう
- 自分の家族や身のまわりの人にインタビューしてきた結果（職業に就いた理由や仕事上での苦労ややりがい，職業に対する考えなど）を伝え合うことをとおして，職業に対していろいろな思いや考えがあることを知る。
- 外国ではどうなのか，AETや海外日本人学校，帰国子女，ネットなどをとおして視野を広げる。
☆グローバル化に向けて国際的な視点に立って考えさせ，視野を広げる。

育てる力
A2：問題発見力
D1：言語力

| ABOUT | 交流協働 | 3h |

3～5　職業人から生き方を学ぼう
- 企業や研究所，地域の方などをゲストティーチャーとして招いて，話を聞く。
  - ☆研究所や企業，外国人，地域の産業，医療介護施設，職人など，いろいろな業種の方から職業観や生き方を学ばせる（地域や実態に応じた業種を考える）。
  - ☆多くの職業人を招き，グループごとに話を聞いたり，一人の方から全員でじっくりと聞いたりするなど場の設定を工夫する。
- 学んだことをワークシートにまとめ，自分の生き方に生かしたいことを話し合う。

育てる力
- B1：自己認識力
- D1：言語力
- F1：地域や国際社会への市民性
- F2：キャリア設計力

| まとめ | 2h |

6～7　学んだことをまとめよう
- ワークシートをもとに，職業観や生き方など，学んだことをまとめる。
- さまざまな職業においての職業観や生き方について，もう一度，考えたことを書く。
  （「13歳のハローワーク」などを再度読む）

育てる力
- D1：言語力
- D2：協働力
- E1：情報活用力

| FOR | 提案発信 | 3h |

8～10　まとめたことを他校と情報交換し，情報を深めよう
- 他校との情報交換をするにあたり，コミュニケーションスキルについて学習をする。
- 生活の中で，けんかした時や気持ちがすれ違ってしまった時，怒った時などの経験について振り返り，自分の思いや考えを場に応じた態度で適切に伝えるための手法を学ぶ。
  （コーチング，アサーショントレーニング，アンガーマネジメント）
  - ☆市教育相談センターとの連携を図る（資料提供，相談員派遣など）。
- 働くことの意義や職業観，生き方などについてまとめたものを使って，他の小学校と意見交換をする。
  （テレビ会議を活用）

育てる力
- E1：情報活用力
- E2：ICT活用力
- B1：自己認識力
- F1：地域や国際社会への市民性

| 実践行動 | 2h |

どうすれば自分がめざす生き方を見つけられるだろう
11～12　自分の将来の夢や目標を思い描こう
- 自分なりにとらえた働く意義，職業観や生き方について振り返る。
- 自分の将来の夢や希望について思いを馳せ，やってみたい職業を思い描く。そのあこがれとする職業に就くために，学ぶ意義も含めて，今，自分がしなければならないことや今の自分に必要なことは何かを考える。

育てる力
- F2：キャリア設計力

| 評価 |

- 他者と共有し，コメントをもらう（相互評価）。
- 自己評価をする。

育てる力
- B1：自己認識力
- B2：自立的修正力

| IN | 新たな課題設定 | 3h |

13～14　自分がめざす生き方を語り合おう
- 自分がめざす生き方を，中学生を交えたグループで発表し，中学生の考えや意見をもらい，自分の生き方の糧にする。
  - ☆小中の学習の連続性の視点から，小学生も中学生も本音をぶつけ，将来の自分の生き方を共に考えていけるようにする。
  - ☆9年生または7年生と語り合える場を配慮する。

15　活動を振り返り，3年後の自分に手紙を書こう
- めざす生き方とそこで求められるスキルについてまとめる（9年生になった時に読むことができるとよい）。

育てる力
- A2：問題発見力
- D1：言語力
- F2：キャリア設計力

キャリア　単元プラン

「つくばスタイル科」（キャリア）単元プラン【平成24年度版】

| 単元名 | 自分に気づこう！実社会に触れて学ぶ | 学年：第7学年　総時間：15時間 |

キャリア　単元プラン

主な内容	環境｜☑キャリア｜歴史・文化｜福祉｜国際理解｜科学技術｜☑豊かな心
単元目標	◎コミュニケーションスキルを身に付け，人と上手に連携をとりながら活動し，自分のよさや適性に気づく。➡（B1，D1） ○マーケティング活動をとおして，実社会に足りていないものやみんなが望んでいるものを探り出す方法を理解する。➡（A1，F1） ○学園区をよりよくするための改善策を提言する。➡（C1，D2）
単元構想	この単元では，自分の気持ちを上手に伝える方法を学ぶことをとおして，コミュニケーション能力や積極的に社会とのかかわりをもとうとする意識などを高め，生徒自身の社会性を培いたい。 　そこで，学園区の様子を振り返り，自分の学園区を今まで以上によりよくしていくためにはどんなことをすればよいかを，マーケティングという手法をとおして考える。マーケティングで出てきた結果をもとに，改善するための具体策をグループで協力しながら検討し，中学生の実行可能なよりよい中学校区の改善プランをつくる。そして，自分たちでつくりあげたプランを実施していく活動をとおして，学園区のよさを知ったり，愛情をもったりすることができるようにする。 　さらに，この活動をとおして，自分はどのようなことが得意（調査，企画立案，実行など）であるかを知り，自分のよさを再認識させたい。 　これらは，中学生では低くなりがちな自己肯定感や自己有用感を高めていくことであり，自分自身のキャリアの育成につながっていくものであるため，大切にしたい。
プロジェクト型学習の視点	自分の得意分野が重ならないようなチームをつくり，チームで学校区をよりよく改善するための方法を考え，実現可能なプランを作成し，実行していく。また，生徒たちの手でできないものは，つくば市への提言という形でプランをまとめる。
本質的課題	○人々が共生する社会とはどのようなものだろう
単元課題	○社会のしくみから見える自分の特徴は何だろう ○人と関わる時に大切なこととは何だろう ○地域のために自分ができることは何だろう

IN　課題発見　2h

人と関わる時に大切なこととは何だろう

1　ソーシャルスキルを学ぼう
- ソーシャルワーカーやカウンセラーとともに，人間関係能力を学ぶ。
- 上手な断り方や依頼の仕方などを学ぶ。

2　人と上手に関わり合っていくためには，どんなことに配慮しなければいけないかを知り，その能力を身に付けよう

育てる力
B1：自己認識力
F1：地域や国際社会への市民性

課題発見　3h

地域のために自分ができることは何だろう

3　社会のしくみに触れよう
- ☆社会のしくみを理解するために，職場見学をしてきたまとめをこの単元の導入として扱う。

4　職場見学をまとめよう
- 自分が得たものは何だったかをまとめる。
- 社会の人々はどんな思いで働いているのかを知る。

5　マーケティングの手法を知ろう
- ゲストティーチャーを招いて，マーケティングの手法について知る。

育てる力
A1：客観的思考力
A2：問題発見力

| ABOUT | 課題調査 | 2h |

6〜7　自分が住んでいる地域を今まで以上によくしていくために，マーケティング調査をして，改善プランをつくろう

- 地域が抱えている課題は何かを探り出そう。
- 現地調査（マーケティング調査）などをする。
- 意識調査（インターネットや質問紙）などをする。
- 地域の抱えている課題をまとめる。

育てる力
A1：客観的思考力
E2：ICT活用力

| | 交流協働 | 2h |

8〜9　マーケティングから見えた課題を解決するためのプランを考えよう

- マーケティングから見えてきた課題を分析しよう。
  （何が原因なのかをとらえる。）
  （自分の学園区の強みは何かを知る。）
  （自分の学園区の弱みは何かを知る。）
  （弱みを強みに変えるにはどうすればよいかを考える。）
- 自分たちの改善プランをまとめる。
- 自分たちで実行可能なプランを考える。

育てる力
A2：問題発見力
C1：創造力
D1：言語力

| | まとめ | 1h |

10　自分たちが住んでいる地域の改善プランをつくるために，必要な力は何だったのかを話し合い，確認することで，マーケティングに必要な力を伸ばしていこう

育てる力
D1：言語力
D2：協働力

| FOR | 提案発信 | 2h |

11　自分たちがまとめた改善プランを提案しよう
- スタディノートを活用して，プレゼンテーションをする。

12　地域の人を招待して，改善プランを聞いてもらおう
- 実行可能かどうかを，地域の人を交えて，話し合う。
- 実行可能なことについて地域の人と話し合う。

育てる力
E1：情報活用力
E2：ICT活用力

| | 実践行動 | 1h |

13　地域の人と改善プランを実行しよう
- 話し合った実行可能なプランを実行する。
  （記録をとり，後日，まとめをしていく準備をする。）

育てる力
F1：地域や国際社会への市民性
F2：キャリア設計力

| | 評価 | 1h |

14　活動を振り返り，何が自分のよさかを確認しよう
- 自分たちが考えたプランをどの程度実行することができたかについて，自己評価するとともに，地域の人の評価を聞く。
- 自分たちがつくった改善プランの実施をとおして，気づいた自分のよさをまとめる。
  （チームで活動する時，どうだったか。）
  （自分は，チームにどんな貢献ができたか。）

育てる力
B1：自己認識力
B2：自立的修正力

| IN | 新たな課題設定 | 1h |

15　継続した活動をとおして，地域がどのように変わってきたか，その変化の様子を見てみよう
- 自分たちの学園区の新たな問題点があれば，調べてみる。

育てる力
A1：客観的思考力
A2：問題発見力

キャリア　単元プラン

「つくばスタイル科」（キャリア）単元プラン【平成24年度版】

単元名	自分を知ろう！実社会での体験	学　年｜第8学年
		総時間｜15時間

キャリア　単元プラン

主な内容	環境｜☑ **キャリア**｜歴史・文化｜☑ **福祉**｜国際理解｜科学技術｜☑ **豊かな心**
単元目標	○実社会で活動していくためには，相手を尊重しつつ自分の意見を言ったり，人間関係を円滑にしたりすることが必要であることを知る。➡（B1，B2） ○職業人に触れたり聞いたりする中で，職業の社会的役割や意義に対して考えを深める。 　➡（F1，F2） ◎体験で学んだことや今後の自分がこれからどう生きていくかについて，級友や保護者に発信することで，自己の生き方を追求する。➡（C1，D2）
単元構想	この単元は，6年生で学んだ，実社会に触れることで各自が感じた思いを想起させ，実社会で必要とされる円滑な人間関係をつくるためのスキルを身に付ける。そして，実際に職場体験をし，体験したことから社会を見つめ，自分はどう生きていくのか，どんな大人になりたいのかを考えていく。 　コミュニケーションスキルに関しては，実社会で通用するものという観点で，企業との交流を図り，必要なスキルを身に付けることができる活動を工夫する。また，自分の意思を上手に伝えたり，調整したりする力を伸ばすために，体験をまとめる前に，各自が感じた思いやアドバイスをもとに，職業の意義や役割についての話し合いを実施する。まとめの段階ではプレゼンテーションを行う。チームを組んでつくり上げるには話し合いが必要で，考えを練り上げてまとめる力やICTを活用して自分の考えを深めたり，発信したりする力，協働力，コミュニケーション力を高められる。 　これらの活動をとおして，自己の生き方を考え，自分は何ができるのか内面化を図っていきたい。
プロジェクト型学習の視点	小グループでの話し合いを実施し，他人の意見を聞いてそれを尊重したり，自分の考えを深めたりすることをとおして，コミュニケーション力の向上を図る。 　体験先ごとにプレゼンテーションをまとめ，級友や保護者に発表することで，学習効果を社会に還元する。
本質的課題	○人々が共生する社会とはどのようなものだろう
単元課題	○社会の中で自分ができることは何だろう ○人間関係を円滑にするにはどうすればいいのだろう ○職業の社会的役割・働く意義とは何だろう

IN　　課題発見　　2h

人間関係を円滑にするにはどうすればいいのだろう

1～2　スキルアップのトレーニングを行って，社会的スキルを身に付けよう
【コミュケーションアップ，対人関係スキルアップ】
- 場を設定し，小グループを単位として，話し合う。
- 導入，教示（課題意識をもたせ，必要性を伝える。）
  モデリング（よりよい方法を考え，手本を示す。）
  リハーサル（ロールプレイなどの手法で行動する。）
  フィードバック（自分を振り返る。）

【アサーショントレーニング】
- コミュニケーションの3タイプ（攻撃的，非主張的，アサーティブ）を理解する。
- 相手を尊重しつつ，自分の主張を行うための技法を身に付ける。

育てる力
A1：客観的思考力
A2：問題発見力

ABOUT　　交流協働　　2h

3～4　企業人や講師と連携し，社会人として必要なスキルについて考えよう
- 接遇マナーやビジネスマナーにはどんなものがあるか話し合う。
  ☆外部講師を招き，講話や体験を行う。
  （ビジネスマナーの基本：あいさつ，態度，笑顔，身だしなみ）
  （基本動作：基本の立ち姿，お辞儀の仕方，さわやかな身のこなし，言葉遣いと電話対応）

育てる力
D2：協働力
D1：言語力

| まとめ | 1h |

5 実社会で活躍する人がもっているソーシャルスキルについて考えよう
- 職業人などとの交流から学んだソーシャルスキルを共有する。
  （自分の思いや考えを適切に伝える力・人間関係を円滑にする力・相手を理解する力など）
- 現在の自分と比較し，実社会で活躍する上で身に付けるべきスキルについて考える。
- 実際の体験に向けて，今後の学習の見通しをもつ。

育てる力
A2：問題発見力

※ 実際の職業体験において

> 職業人の生き方や考えについて触れ，自分の考えの参考にする。
> - 必要に応じて体験先や企業人にインタビュー，アンケートを実施する。
> - 自分が疑問に思ったこと，知りたいこと。
> - 自分の生き方についての参考となることをさぐる。

職場体験：
サテライトなどで実施

| 課題調査 | 2h |

職業の社会的役割・働く意義とは何だろう

6 職業体験後の振り返りから，自分は何を感じ，学んだのかまとめる
- 職業を体験した体験を共有し，話し合う。
  （働くとはどんなことなのか，人は何のために働くのか。）

7 職業の社会的意義を話し合いの中で考える
- 職業の社会的役割とはどんなものか。
- 人のために役立つとはどういうことなのか。

育てる力
E1：情報活用力
B1：自己認識力

| まとめ | 1h |

8 自分の感じたこと・考えたことをワークシートにまとめる
- 「自分はどう生きていくか」「どんな大人になりたいか」
  自己分析（SWOT分析）を行う。

育てる力
C1：創造力
A2：問題発見力

| 交流協働 | 3h |

9〜11 体験のまとめのプレゼンテーションを作成する
- 体験先ごとに作成，発表の準備をする。
- スタディノートを使ってまとめる。

育てる力
D2：協働力
B2：自立的修正力

| FOR | 提案発信 | 2h |

12〜13 プレゼンテーションを行う
- スタディノートを使って，校内，保護者，職場体験先，地域及び日本中に，体験のまとめを発表する（授業参観，学年通信，ホームページなど）。
- 発信後のコメントや感想をもらう。

育てる力
D1：言語力
E2：ICT活用力

| 実践行動 |

（随時）日常生活の中でソーシャルスキルを活用して生活していく。
- 日常の生活で，学んだスキルを生かす。
- 自分のストレス解消法を考え，実行する。

育てる力
D2：協働力
F1：地域や国際社会への市民性

| 評価 | 1h |

14 振り返りを行う
- 相互評価，自己評価をする。
  （自分や他者の形成的評価）

育てる力
B1：自己認識力
B2：自立的修正力

| IN | 新たな課題設定 | 1h |

15 他者の生き方を受け入れ，自分の内面に迫る
- 社会の中で自分はどんなことができるのかを考える。
- 自分はどう生きていくか，自分にできることは何かを考える。
- 他人の生き方を尊重し，将来の自分の生き方を考える。

育てる力
E1：情報活用力
F2：キャリア設計力

キャリア 単元プラン

「つくばスタイル科」（キャリア）単元プラン【平成24年度版】

単元名	デザインしよう！将来の自分	学 年	第9学年
		総時間	15時間

キャリア　単元プラン

主な内容	☑環境　☑キャリア　　歴史・文化　☑福祉　　国際理解　☑科学技術　☑豊かな心
単元目標	○リーダーとフォロワーの立場を理解し，チームを組んで互いに支え合いながら企画・デザインをすることを理解する。➡（A2，C2） ◎さまざまなアイディアを出し合い，よりよいものを企画・デザインするために，企業の人からアドバイスをもらい，考えを修正しながら活動を進める。➡（B2，E1） ○将来の夢や希望に向かって，自己の生き方を考える。➡（D1，F2）
単元構想	この単元は，義務教育9年間の集大成となる。これまで培った力を結集し，自分の将来について，自己と真摯に向き合い，自己実現に向けての第一歩を踏み出すための単元である。自分の得意分野や興味・関心があるもの同士でチームを編成し，チームで企画やデザイン，プレゼンテーションを行っていく。 　9年生といえども，この活動を行っていく中で，実社会をつながりをもたせるためには，まず，リサーチが必要である。第7学年で学習した「マーケティングにチャレンジ」を想起し，スパイラル的に学びを連続させる。また，チームでの活動の中で，企業などから直接のアドバイスが必要となる。このアドバイスを受け，チームとして完成をしていくためには，さらに協力とコミュニケーションが重要になってくる。グループでの討議を盛り込み，自分の意思を伝える，他者の意見を伝える，その上で考えを練り上げるという活動をとおして，コミュニケーション力を高める。 　次世代を担うためにも，自分の「今」の時点で企画・デザイン・プレゼンテーションを行うことをとおして，自己の生き方を考えていくことがねらいである。世の中に出た時に，仕事をしていく中で，今まで学んで得た知識やスキルをどのように社会に還元していけばよいのか，社会の中でどのようにまわりの人たちと生きていけばよいのかを考える必要がある。
プロジェクト型学習の視点	自分の得意分野や興味・関心があるもの同士でチームを編成し，チームで企画・デザイン・プレゼンテーション・多様な方法による発信をとおして，学びを深めていくプロジェクト型学習を行う。
本質的課題	○未来をつくるのは何だろう
単元課題	○地域や社会に向けて何ができるだろう ○ニーズを実現する設計・デザインのためには何をすればよいのだろう ○どのように自分を設計・デザインしていくのだろう

IN　課題発見　2h

育てる力
A1：客観的思考力
A2：問題発見力
C2：革新性

地域や社会に向けて何ができるだろう

1　さまざまな人の生き方や考え方を知ろう
- JICAや企業人などとの交流をとおしていろいろな生き方を学ぶ。
- 他文化理解・他文化共生から，国際社会へ向けてのグローバルな視点も含めて生き方を学ぶ（国際交流と絡めて）。

2　今，地域や社会で問題になっていることにはどんなことがあるだろう
- 時事問題から考える。

> **＜例1＞**
> 　自動車産業では，世界との競争力を高めるため，市場の拠点や工場をアジアに移転している。自動車メーカーは，どんな車が一番人気があるか市場調査をして，どんな車を生産していくかを決定している。日本の技術を継承するため，現地の人とチームを組んでどのように行っていけばよいのだろう。

<例2>
　地球規模で考えた時，ものの流通やしくみはどのように行われているのだろう。
　円高と金融は私たちのくらしにどのように結び付くのだろう。

<例3>
　地球温暖化が社会に及ぼす影響を考える。
　温暖化による農業生産・人口・産業構造などに関する考えられる問題点を洗い出し（リサーチ），どのような社会をつくっていけばよいのかを考える。

- 自分の得意分野や興味・関心は何だろう。
- 自分が設計したいものやことを実現するためには，チームとして何を企画・デザインすればよいのだろう。
（7年生の時にマーケティングにチャレンジで学習したことを想起しながら取り組む。）
☆ものづくり・介護・環境・生き方などグローバルな視点で考えられるようにする。

ABOUT　課題調査　3h

ニーズを実現する設計・デザインのためには何をすればよいのだろう

3～5　設計をするために，リサーチをしよう（情報収集）
- ニーズに応じたリサーチ（役立つもの・必要とされるもの），（このような人に・このような場所で・このようなものを）

育てる力
E1：情報活用力
E2：ICT活用力

交流協働　5h

6～10　将来，大人になった時に，みんなが喜んでくれるものやこと，人を考え，企画・デザインしよう
- 自分がつくりたいものを企画しても人は受け入れないことや，実際に企業では，どのようにして企画しているのか話を聞く。
（世の中のニーズに応じた人材育成・開発・生産・仕事）
- 企業などの人に自分たちのアイディアや構想を話し，アドバイスを直接もらい，企画・デザインの見直しを図り，検討する。

育てる力
B2：自立的修正力
D2：協働力

まとめ　2h

11～12　チームで再検討して，デザインしよう
- チームでデザインしたものをもとに，練り直す。

育てる力
C1：創造力
F2：キャリア設計力

FOR　提案発信　1.5h

13～14　プレゼンテーションを行う

（スタディノートを使って）
　発信先　：校内，他の中学校，お世話になった企業
　発信方法：テレビ会議
　発信後のコメントや感想をもらう

育てる力
D1：言語力
E2：ICT活用力

実践行動

育てる力
D2：協働力
F1：地域や国際社会への市民性

評価　0.5h

- 振り返りを行う。
- 相互評価・自己評価をする。
　（自分や他者の形成的評価）

育てる力
F1：地域や国際社会への市民性
B2：自立的修正力

IN　新たな課題設定　1h

どのように自分を設計・デザインしていくのだろう

15　活動を振り返り，他者の企画・デザインを受け入れ，関心を高める自分を認識する
- 活動を振り返り，自分を設計・デザインしていくために，他者が自分に対してどのようなニーズをもっているかを考える。
- いつかは実践できるような素地（キャリア設計）づくりをたくさんしていく。自分ができることは何なのか考える。
　├他者の考えを受け入れられる自分
　├自分もやってみたいと広げる自分
　└自分たちのアイディアを深める自分

育てる力
A1：客観的思考力
F2：キャリア設計力

第4章 「つくばスタイル科」の構成

③ 歴史・文化単元

1 単元の構成について

　歴史・文化の単元は，各小・中学校において実施してきた総合的な学習の時間の内容を中心に取りまとめ，児童生徒の発達段階を踏まえた上で，小学5年生から5年間の系統性を図り，作成したものである。

　まず，5年生から7年生では，「世界に誇れる地域とはどのようなものだろう」を課題として，地域の自慢（歴史や文化・伝統など）を探し，世界のさまざまな国について学んでいく。その活動をとおして，他の地域と自分の地域の自慢を比較し，地域の自慢である歴史や文化・伝統などを将来へつなげていくようにする。また，日本と世界の国々との「よさと課題」を知り，世界に誇れる日本人になるために，自分なりに考えて発見していくことができるようにしていく。

　8年生から9年生では，これまでの活動のまとめとして「未来をつくるのは何だろう」を課題として，日本の最先端を誇るつくばの研究施設を知ることで，つくばについて再発見する。その活動をとおして，つくば市が誇る研究機関について児童生徒が語り合い，つくば市の将来を考えていくようにする。また，日本やつくば市の自慢を世界に配信するために英語を使って紹介する活動をとおして，つくば市民としての生き方を考えていくことができるようにしていく。

2 単元づくりの取り組みについて

　歴史・文化単元の内容は，つくば市が重点をおいて推進する教育の内容（国際理解教育・外国語活動，科学技術教育）を基に作成してきた。

（1）「国際理解教育・外国語活動」との関連

　つくば市内には，筑波山をはじめとして縄文・弥生時代の遺跡が多数あり，約200基ほどの古墳が確認されている。市内平沢地区には筑波郡の役所と推定される遺跡（平沢官衙遺跡）があり，国の史跡に指定されている。これらの歴史的文化遺産を大切にしていくことで，改めて「郷土を愛する心の教育」を充実させていきたい。また，市内には約7,000人もの外国の方々が居住し，国際色豊かな街でもあることから「国際社会の中で主体的に行動したり，発信したりすることのできる態度・能力の育成」が可能であり，「多文化理解と共生」の充実を図ることができる。

（2）「科学技術教育」との関連

　つくば市内には約300に及ぶ研究機関・企業と約13,000人の研究者がおり，日本屈指の科学の街であることから，これらの研究機関を有効活用していくことで，世界に誇れる日本人としての意識をもつことができる。

3 これまでの歴史・文化単元の実践

(1) 研究機関との交流

ア 森林総合研究所編

小学校4年生の総合的な学習の時間において,「地球温暖化と森林の関係」をテーマに,森林総合研究所所員による出前授業を実施した。地球温暖化の原因や温暖化による影響などについての講義を受けた後,植物の光合成の実験を実施した。

児童はこれまでにも,地球の温暖化や植物について調べたり,実験をしたりしてきたが,今回の授業を受けて,「温暖化を防ぐためにできること,大切なことは,何だろう」と,ますます意欲的に考えるようになった。

▲森林総合研究所所員による出前授業

イ 筑波実験植物園編

低学年の自然体験学習として,筑波実験植物園を活用する。植物園にはたくさんの種類の植物があり,児童の心を揺さぶる格好の場所になっている。写真の体験学習では,見つけてみようカードを活用し,「よいにおい」「きいろいはな」「とげとげ」「ばなな」「とりのこえ」「みごろの植物1位」「だんごむし」「かおより大きいはっぱ」「くものす」を一生懸命に探していた。児童は調べ学習をとおして,植物の生育場所や種類などを知ることができ,これからの自分たちにできることを考えられるようになった。

▲筑波実験植物園での見学の様子

第4章
「つくばスタイル科」の構成

3 歴史・文化単元

(2) 地域に広がる歴史・史跡の再発見

ア　筑波山の再発見

　筑波小学校では筑波山神社で行われている御座替祭について調べ学習を行っている。つくば市のシンボルでもある筑波山神社では、毎年4月と11月に御座替祭が行われ、これは、筑波山の神が農作を見守るため、里に下りるときに行われる神事である。筑波小学校の児童は、御座替祭に参加して子ども神輿をかついだり、コカリナ演奏の披露も行っている。地元の祭事に参加することで、地域の一員としての自覚をもつとともに、古きよき歴史を大切にしていこうとする気持ちを身に付けることができた。

▲筑波山御座替祭

イ　平沢官衙遺跡の再発見

　北条小学校や山口小学校では近隣にある平沢官衙遺跡について調べ学習を行っている。平沢官衙遺跡は、奈良・平安時代の常陸国筑波郡の郡役所跡であり、国指定文化財に指定された。春先には、倉庫前の斜面に広がる広大な芝生広場で「春の芝焼き」が、また、秋には「つくば物語」と称して、倉庫群のライトアップやコンサート・演劇が開催されている。児童は、歴史ある遺跡をとおして、つくばの歴史を改めて発見し、後世に伝えていこうとする気持ちを育むことができた。

▲平沢官衙遺跡

3 歴史・文化単元

（3）外国との交流

ア　ユネスコ・アジア文化センター編

　竹園東小学校ではユネスコ・アジア文化センターに勤務している職員を招いて，国際理解の分野であるアジアの二面性「豊かな文化」と「厳しい現実」について，実物や映像を見ながら学習を行った。とてもわかりやすい授業であった。児童は「カンボジアやラオスのお正月は？」，「アジアでとても大事にされている動物は？」，「どんな本を読んでいるの？」など，さまざまなクイズにチャレンジしながら他国の文化を知ることができた。また，ゾウとサルは，アジアでとても大事にされている動物であり，神話のヒーローになっていること，織物の模様にもなっていることにも気づくことができた。その反面，教育を受けられない子どもたちがたくさんいることなど教育に関する実情を初めて知ることができた。「ミナの笑顔」という識字アニメーションを見ながら，読み書きができないとどうなるかということを一緒に考えることができた。児童は，写真，映像，織物などを実際に見ながら，アジアの国々や人々の様子について知ることができ，アジアの国々との交流の大切さに気づいた。

▲国際理解教育

イ　市内在住外国人編

　田井小学校では「つくばスタイル科」において，「外国人に日本文化を紹介しよう」というテーマでさまざまな日本文化について探究活動を行ってきた。そして，その発表会として，外国人に日本文化を紹介する場を設定した。外国人に自分が探究した日本文化の内容を紹介するためには英語での発表が必要であることに気づき，児童は自分のまとめた日本文化について，英語で表現できるよう，つくば市AETに英訳を支援してもらい，発表の練習をした。発表会当日，児童は緊張しながらも，練習した英語で外国人に日本文化について発表を行った。児童は，伝えることの難しさを感じながらも，外国人との交流をとおして，日本文化の大切さを見つめ直す機会となった。

▲日本文化を紹介している様子

第4章
「つくばスタイル科」の構成

3 歴史・文化単元

「つくばスタイル科」（歴史・文化）単元一覧【平成24年度版】

学年	1年	2年	3年	4年
単元名				
主な内容				
単元目標				
Ⅰ 思考に関するスキル	A 問題解決	A1 客観的思考力				
		A2 問題発見力				
	B 自己マネジメント	B1 自己認識力				
		B2 自立的修正力				
	C 創造革新	C1 創造力				
		C2 革新性（イノベーション）				
Ⅱ 行動に関するスキル	D 相互作用	D1 言語力（コミュニケーション）				
		D2 協働力（コラボレーション）				
Ⅲ 手段・道具を活用するスキル	E 情報ICT	E1 情報活用力				
		E2 ICT活用力				
Ⅳ 世界市民としての力	F つくば市民	F1 地域や国際社会への市民性				
		F2 キャリア設計力				
本質的課題				
単元課題				
学習活動（概要）				
学びの3つのステップ	In			

歴史・文化　単元一覧

第4章 「つくばスタイル科」の構成

3 歴史・文化単元

◎は最重要項目

5年	6年	7年	8年	9年
学校周辺の歴史・文化を発見しよう	世界の国々の探検をしよう	日本(つくば)と世界のよさと課題を比較しよう	つくばのまち 再発見	日本やつくばの自慢を世界に発信
歴史・文化／豊かな心	歴史・文化／国際理解／豊かな心	環境／歴史・文化／福祉／国際理解／豊かな心	環境／キャリア／歴史・文化／科学技術／豊かな心	環境／キャリア／歴史・文化／国際理解／科学技術／豊かな心
○自分たちの学校のまわりには、さまざまな歴史文化があることがわかる。(A1,A2)　◎他の地域の歴史文化を知り、自分の地域の自慢と比較することができる。(C1,E1)　○地域自慢サミットを開き、今後どのように地域を大切にしていったらよいかを考え、多くの人に広めることができる。(D1,F1)	◎地域に住む外国人やAETの先生に外国のことを聞くことができる。(C1,D2)　○世界の国々の衣食住、文化、地形、自然を知り、他の国と比較することができる。(E1,E2)　○世界にはさまざまな国があり、そこでは素晴らしいくらしがあることを知り、それを将来へどうつなげていくかを考えることができる。(A2,F1)	◎日本(つくば)と世界を比べることをとおして、改めて、日本(つくば)のよさと課題を理解することができる。(B2,C1)　○自分が調べた日本(つくば)と世界のよさと課題を発信することができる。(D1,E2)　○日本(つくば)のよさを再発見し、世界に誇れる日本人(つくば市民)とは何かを考えることができる。(A1,F2)	◎つくばには、世界最先端のさまざまな分野の研究機関があることがわかる。(A1,A2)　○実際につくばの研究施設を訪問し、研究内容やそこで働く人々の様子を知ることができる。(C1,E1)　○宇宙、ICT、歴史文化、自然科学、農業食品、環境、防災などの研究に携わっているスペシャリストの方々や他校の友達と交流することで、自分の今後の生き方を考える。(B2,E2)	○世界に発信するために自分の自慢を英語にすることができる。(B1,C2)　○自分が考える日本やつくばの自慢を英語で伝えることができる。(D2,F1)　○日本人(つくば市民)としての誇りをもち、つくば市民として、自分の生き方を考えることができる。(A1,F2)
○	○	○	◎	◎
○	○		◎	
				◎
		◎	◎	
◎	◎	◎		
				◎
○		◎		
	◎			
○	○			○
○	○			○
		○		
	世界に誇れる地域とはどのようなものだろう		未来をつくるのは何だろう	
○地域の自慢(歴史や文化・伝統など)を探してみよう　○他の地域と自分の地域の自慢を比較しよう　○地域自慢サミットを開こう	○世界にはどんな国があるのだろうか　○他にはどんな国があるのだろうか　○世界体験発表会をしよう	○日本(つくば)と世界のよさと課題はなんだろう　○日本(つくば)と世界のよさと課題を発信しよう　○世界に誇れる日本人とは何か	○つくばにある研究施設とはどのようなものだろう　○つくばの研究施設を探検しよう　○つくばの再発見したことを発信しよう	○日本やつくばの自慢とは何だろう　○世界に発信するために自分の自慢を見つけしよう　○つくば市民としての生き方を考えよう
地域の自慢(歴史や文化・伝統など)を探してみよう　1 学校周辺の文化財にはどのようなものがあるか調べよう　2～3 地域の歴史や文化、伝統などを調べよう　4 地域の方や家族に地域の史跡や文化について聞いてみよう　5～6 地域の歴史や文化、伝統などについて取材したものをまとめよう　7 地域の自慢(歴史や文化、伝統など)でまとめたことを発信しよう　**他の地域と自分の地域の自慢を比較しよう**　8～9 他の地域を知り、自分の地域の文化財と比較しよう　10～11 他を知った上で、地域の歴史や文化、伝統などをさらにまとめよう　12 協働して地域の歴史や文化、伝統などを考えよう　**地域自慢サミットを開こう**　13 地域の歴史や文化、伝統などの自慢サミットを開こう　14 活動のまとめをしよう　15 地域の自慢である歴史や文化、伝統などを将来へつなげよう	**世界にはどんな国があるのだろうか**　1 世界探検をしよう　2～3 世界にはどんな国があるのか調べよう　4 地域に住む外国人やAETの先生に外国のことを聞こう　5～6 世界の国々をまとめよう　7 自分が調べた国のことを発信しよう　**他にはどんな国があるのだろうか**　8～9 他の国を知り、自分が調べた国と比較しよう　10～11 他の国を知った上で、調べた国をさらにまとめよう　12 協働して世界の国々を考えよう　**世界体験発表会をしよう**　13～14 世界体験発表会をしよう　15 世界の将来を考えよう	**日本(つくば)と世界のよさと課題はなんだろう**　1 日本(つくば)のよさと課題を知ろう　2～3 日本(つくば)と世界のよさと課題を調べよう　4 地域に住む外国人やAETの先生に日本や外国のことを聞こう　5～6 日本(つくば)と世界のよさと課題をまとめよう　**日本(つくば)と世界のよさと課題を発信しよう**　7 自分が調べた日本(つくば)と世界のよさと課題を発信しよう　8～9 自分が調査した内容の他に、どのような日本(つくば)と世界のよさと課題があるか再調査しよう　10～11 再調査したことをもとに、どのような日本(つくば)と世界のよい点と課題があるかをさらにまとめよう　12 他学園の友達と協働して、日本(つくば)と世界のよさと課題を話し合おう　13 日本(つくば)と世界を比べてみよう　14 活動のまとめをしよう　**世界に誇れる日本人とは何か**　15 改めて日本(つくば)のよさを再発見し、世界に誇れる日本人(つくば市民)になろう	**つくばにある研究施設とはどのようなものだろう**　1 つくばの研究施設ってすごいの？　2～3 つくばの誇れる研究施設を発見しよう　4 研究機関の方々からつくばのよさを聞こう　5～6 つくばの研究施設などをまとめよう　7 つくばの誇れる研究施設を発信しよう　**つくばの研究施設を探検しよう**　8～9 実際につくばの研究施設を調査しよう　10～11 調査したことを加え、つくばの誇れる研究施設をまとめよう　**つくばの再発見したことを発信しよう**　12～13 つくばの研究機関の方々と話をしよう　14 つくばの誇れる研究機関を語り合おう　15 つくばの将来を考えよう	**日本やつくばの自慢とは何だろう**　1 日本やつくばを愛し、そのよさを世界に向けて英語で発信しよう　2～3 自分なりに日本やつくばの自慢を見つけよう　4 つくばの方々や外国人、AETの先生に自分の国の自慢を聞こう　5～6 日本やつくばの自慢を日本語でまとめよう　7 日本やつくばの自慢を発信しよう　8～9 他の友達のプレゼンテーションや他学園の掲示板を見て、自分なりの改善するための課題を洗い出そう　**世界に発信するために自分の自慢を英語にしよう**　10～11 世界に発信するために自分の自慢を英語でまとめよう　12 自分が見つけた日本やつくばの自慢を英語で話し、英語の先生、AETの先生、地域の外国人や英語の得意な方に聞いていただこう　13 英語で日本やつくばの自慢をプレゼンテーションしよう　14 活動のまとめをしよう　**つくば市民としての生き方を考えよう**　15 海外や他の地域で生活することになっても、日本人、つくば市民としての誇りをもち、そして、他を認めながら、常に課題を見つけ追究していく気持ちをもとう
About			For	

歴史・文化 単元一覧

「つくばスタイル科」(歴史・文化) 単元プラン 【平成24年度版】

単元名	学校周辺の歴史・文化を発見しよう	学 年	第5学年
		総時間	15時間

主な内容	環境 ｜ キャリア ｜ ☑歴史・文化 ｜ 福祉 ｜ 国際理解 ｜ 科学技術 ｜ ☑豊かな心
単元目標	○自分たちの学校のまわりには，さまざまな歴史文化があることがわかる。➡ (A1, A2) ◎他の地域の歴史文化を知り，自分の地域の自慢と比較することができる。➡ (C1, E1) ○地域自慢サミットを開き，今後どのように地域を大切にしていったらよいかを考え，多くの人に広めることができる。➡ (D1, F1)
単元構想	つくば市には，平沢官衙遺跡(ひらさわかんがいせき)など国指定文化財が5つ，五角堂(ごかくどう)など県指定文化財が29，茎崎第一小のシイなど市指定文化財が84もあるが，学校のまわりにある文化財を知っている人は年々少なくなりつつあるのが現状である。 そこで，第4学年社会「郷土をひらく」で学習した内容の発展学習として学校周辺の文化財を調査することで，自分の住んでいる地域の歴史文化を発見し，ふれることで，地域の素晴らしさを知ったり，後世に残すための方策を考えたりするきっかけとなるような単元構成にした。
プロジェクト型学習の視点	自分たちの学校のまわりの文化財を調べ，スタディノートの電子掲示板で発信することにより，市内全小学生の調査が集まり，それが，つくば市全体の文化財のデータベースとなる。 教師に教わるだけでなく，地域の方々や文化財室の専門家と連携し，文化財を自ら調査発見することで，これまでにない新しい発想が生まれる。
本質的課題	○世界に誇れる地域とはどのようなものだろう
単元課題	○地域の自慢（歴史や文化・伝統など）を探してみよう ○他の地域と自分の地域の自慢を比較しよう ○地域自慢サミットを開こう

IN　課題発見　1h

地域の自慢（歴史や文化・伝統など）を探してみよう

1　学校周辺の文化財にはどのようなものがあるか調べよう
- 社会科副読本「のびゆくつくば」や文化財室発行「つくばの文化財」，インターネットを使って，学区内には，どのような歴史的建造物・史跡・文化遺産・伝統芸能があるか調べてみる。

育てる力
A1：客観的思考力
A2：問題発見力

ABOUT　課題調査①　2h

2～3　地域の歴史や文化，伝統などを取材しよう
- スタディノートポケットやタブレットPC，デジタルカメラ，ビデオカメラを使って，地域にある歴史的建造物・史跡・文化財・伝統芸能について取材する。
- 名称，場所，歴史的背景，内容，現在の保存状態などを記録する。

育てる力
E1：情報活用力
E2：ICT活用力

交流協働①　1h

4　地域の方や家族に地域の史跡や文化について聞いてみよう
- 昔からこの地域に住んでいる方やおじいさんおばあさんに，この地域の歴史的建造物・史跡・文化遺産・伝統芸能について話を聞く。
- ☆取材には，ビデオカメラや録音機，取材帳を用意し，正確に記録できるようにする。

育てる力
C1：創造力
D2：協働力

| まとめ① | 2h |

5〜6 地域の歴史や文化，伝統などについて取材したことをまとめよう
- 自分たちが，スタディノートを使って調べた，身近な地域の歴史的建造物・史跡・文化遺産・伝統芸能についてまとめる。
- 自分たちで調べたことの他に，地域の方々から聞いた話をもとに考えを修正しながらまとめる。

育てる力
B1：自己認識力
B2：自立的修正力

| FOR | 提案発信① | 1h |

7 地域の自慢（歴史や文化，伝統など）でまとめたことを発信しよう
- スタディノートの電子掲示板機能を使って，市内全学園に自分たちで調べた地域の自慢を発信する。

育てる力
D1：言語力
E2：ICT活用力

| ABOUT | 課題調査② | 2h |

他の地域と自分の地域の自慢を比較しよう

8〜9 他の地域を知り，自分の地域の文化財と比較しよう
- 他の地域にはどんな自慢があるか，スタディノート電子掲示板に掲載されている他校の調査を見る。
- 他校の調査から，自分の調査で不足していること，もっと調べたほうがよいこと，関連して調べようと思ったことなどを，スタディノートポケットやタブレットPC，デジタルカメラ，ビデオカメラを使って，再調査する。

育てる力
C1：創造力
E1：情報活用力

| まとめ② | 2h |

10〜11 他を知った上で，地域の歴史や文化，伝統などをさらにまとめよう
- 他の地域と比較したことや再調査したことをもとに，スタディノートを使って，身近な地域の歴史的建造物・史跡・文化遺産・伝統芸能についての内容と大切さについてまとめる。

育てる力
C2：革新性
D1：言語力

| 交流協働② | 1h |

12 協働して地域の歴史や文化，伝統などを考えよう
- まとめ直した地域自慢を教育委員会文化財室の方や地域の有識者などに聞いてもらい，アドバイスをいただく。
- 必要に応じて，ICT（メール，テレビ会議，ビデオレター）機器を使う。
- 友達と協働して，学園内の歴史的建造物・史跡・文化遺産・伝統芸能についてまとめる。

育てる力
B2：自立的修正力
D2：協働力

| FOR | 提案発信② | 1h |

地域自慢サミットを開こう

13 地域の歴史や文化，伝統などの自慢サミットを開こう
- テレビ会議システムやスタディノート電子掲示板を使って，自分たちがまとめた地域自慢を発表し，自分たちのまわりには素晴らしい文化遺産があることを知り，それを将来へどうつなげていくかを考える。

育てる力
D1：言語力
F1：地域や国際社会への市民性

| 評価 | 1h |

14 活動のまとめをしよう
○自分たちの学園内にある身近な地域の自慢を見つけているか。
○自分の地域の自慢を今後どのように大切にしていったらよいかという提案がなされているか。

育てる力
B1：自己認識力
B2：自立的修正力

| IN | 新たな課題設定 | 1h |

15 地域の自慢である歴史や文化，伝統などを将来へつなげよう
- 自分たちの身近にある素晴らしい地域の自慢を大切にし，100年後の子どもたちに残すにはどうしたらよいかを考える。
- これまであまり知られていなかったものの中には，実は素晴らしい地域の自慢となるものがあるのではないか。それをこれからも発見していく。

育てる力
A1：客観的思考力
F2：キャリア設計力

「つくばスタイル科」（歴史・文化）単元プラン【平成24年度版】

単元名　世界の国々の探検をしよう

学　年｜第6学年
総時間｜15時間

歴史・文化
単元プラン

主な内容	環境　｜　キャリア　｜☑歴史・文化　｜　福祉　｜☑国際理解　｜　科学技術　｜☑豊かな心
単元目標	◎地域に住む外国人やAETの先生に外国のことを聞くことができる。➡（C1，D2） ○世界の国々の衣食住，文化，地形，自然を知り，他の国と比較することができる。➡（E1，E2） ○世界にはさまざまな国があり，そこでは素晴らしいくらしがあることを知り，それを将来へどうつなげていくかを考えることができる。➡（A2，F1）
単元構想	世界にはさまざまな国があり，そこにはさまざまな文化があり，衣食住の生活スタイルもそれぞれ異なり，気候や自然地形も大きく違っている。 　しかし，どの生活がよいくらしでどの生活が悪いくらしということはなく，それぞれの国や地域には，素晴らしいくらしがある。 　そうした世界中の国々のことを第6学年の社会と関連づけて調べることにより，今の自分の生活を振り返り，今後の生活に生かすことが本単元の構想である。
プロジェクト型学習の視点	地域に住む外国人やAETの先生などから世界の人々のくらしについて聞くことで，学習の視野を広げることができる。 　スタディノート電子掲示板をとおして他の学園の児童と意見交換することで，これまで以上に学習の深まりが見られる。
本質的課題	○世界に誇れる地域とはどのようなものだろう
単元課題	○世界にはどんな国があるのだろうか ○他にはどんな国があるのだろうか ○世界探検発表会をしよう

IN　課題発見　1h

世界にはどんな国があるのだろうか
1　世界探検をしよう
- 自分の知っている国を発表する。
- グーグルアースを使って，地球上の国々をみんなで探検する。
- まだ知らない国が地球にはたくさんあることを知る。

育てる力
A1：客観的思考力
A2：問題発見力

ABOUT　課題調査①　2h

2〜3　世界にはどんな国があるのか調べよう
- インターネット，地図帳，図書などを使って，世界にどんな国があるかを調べる。
  ☆調べ方（1人1つの国を調べる，みんなで1つの国を深く調べる，文化圏ごとに調べる，大陸ごとに調べる，衣食住の比較をするなど）は，各学校の実態に応じて決めるよう助言する。

育てる力
E1：情報活用力
E2：ICT活用力

交流協働①　1h

4　地域に住む外国人やAETの先生に外国のことを聞こう
- 自分たちで調べたことを地域に住む外国人やAETの先生に聞いていただき，アドバイスをいただいたことを今後の学習に生かす。

育てる力
C1：創造力
D2：協働力

| まとめ① | 2h |

5〜6　世界の国々をまとめよう

- スタディノートを使って，自分たちで調べた世界の国々（1人1つの国を調べる，みんなで1つの国を深く調べる，文化圏ごとに調べる，大陸ごとに調べる，衣食住の比較をするなど）をまとめる。
- それぞれがまとめたスタディノートをメールで送り，内容を1つにまとめる。

育てる力
B1：自己認識力
B2：自立的修正力

| FOR | 提案発信① | 1h |

7　自分が調べた国のことを発信しよう

- スタディノートの電子掲示板機能を使って，市内全学園に自分たちで調べた世界の国の発見を発信する。

育てる力
D1：言語力
E2：ICT活用力

| ABOUT | 課題調査② | 2h |

他にはどんな国があるのだろうか

8〜9　他の国を知り，自分が調べた国と比較しよう

- 他の地域にはどんな国があるか，スタディノート電子掲示板に掲載されている他校の調査を見る。
- 他の調査から，自分の調査で不足していること，もっと調べたほうがよいこと，関連して調べようと思ったことなどを，インターネット，地図帳，図書を使って再調査する。

育てる力
E1：情報活用力
E2：ICT活用力

| まとめ② | 2h |

10〜11　他の国を知った上で，自分が調べた国をさらにまとめよう

- 他の国と比較したことや再調査したことをもとに，スタディノートを使って，自分が調べた国についての内容をさらにまとめる。

育てる力
C2：革新性
D1：言語力

| 交流協働② | 1h |

12　協働して世界の国々を考えよう

- 友達と協働して，世界中に国々について考えを深める。
- スタディノート電子掲示板を使って，他校の人たちと考えを深める。

育てる力
B2：自立的修正力
E2：ICT活用力

| FOR | 提案発信② | 2h |

世界体験発表会をしよう

13〜14　世界探検発表会をしよう

- テレビ会議やスタディノート電子掲示板を使って自分たちがまとめた国々を発表し，世界にはさまざまな国があり，生活，文化，食事，地形，自然が違い，そこでは素晴らしいくらしがあることを知り，それを将来へどうつなげていくかを考える。

育てる力
A2：問題発見力
F1：地域や国際社会への市民性

| 評価 |

- ○世界探検をとおして，世界の国々の衣食住，文化，地形，自然を知ることができている。
- ○世界には，人種・文化・自然が違う中で人々がくらしていることを知り，これからの地球のことを考えて提案している。

育てる力
B1：自己認識力
B2：自立的修正力

| IN | 新たな課題設定 | 1h |

15　世界の将来を考えよう

- 世界中の国々の人々のくらしを大切にしながら，今後，私たちはどのような生活をしていけばよいか考える。
- どうして，飢餓や戦争が今もなくならないのだろうか。

育てる力
A1：客観的思考力
F2：キャリア設計力

歴史・文化　単元プラン

「つくばスタイル科」(歴史・文化) 単元プラン 【平成24年度版】

| 単元名 | 日本（つくば）と世界のよさと課題を比較しよう | 学　年　第7学年　総時間　15時間 |

歴史・文化　単元プラン

主な内容	☑環境　キャリア　☑歴史・文化　☑福祉　☑国際理解　科学技術　☑豊かな心
単元目標	◎日本（つくば）と世界を比べることをとおして，改めて，日本（つくば）のよさと課題を理解することができる。➡（B2，C1） ○自分が調べた日本（つくば）と世界のよさと課題を発信することができる。➡（D1，E2） ○日本（つくば）のよさを再発見し，世界に誇れる日本人（つくば市民）とは何かを考えることができる。➡（A1，F2）
単元構想	第5学年では学校周辺の文化財を調査してきたが，それだけでは自分たちが住んでいるつくばの素晴らしさをなかなか感じ取ることができない。一般的に日本人は，外国人に比べ郷土愛があまりないと言われているが，日本（つくば）と外国を比べることで，改めて日本（つくば）のよさを知り，誇りをもって日本（つくば）を語れる日本人（つくば市民）になるためには，どうしたらよいか考える単元構成とした。
プロジェクト型学習の視点	自分たちで日本（つくば）と世界のよさと課題を比べ，スタディノートの電子掲示板で発信することにより，市内全7年生の調査が集まり，それをもとにして改めて日本（つくば）のよさを再発見し，世界に誇れる日本人（つくば市民）になる。 教師に教わるだけでなく，実地調査をしたり外国人と交流したりすることで，これまでにない新しい発想が生まれる。
本質的課題	○世界に誇れる地域とはどのようなものだろう
単元課題	○日本（つくば）と世界のよさと課題はなんだろう ○日本（つくば）と世界のよさと課題を発信しよう ○世界に誇れる日本人とは何か

IN　課題発見　1h

日本（つくば）と世界のよさと課題はなんだろう
1　日本（つくば）のよさと課題を知ろう
- 自分の知っていることを話し合おう。
- 日本はGNP（国民総生産）世界第3位。中国に抜かれた。
- 日本には四季がある。歴史伝統がある。地球温暖化の影響がある。
- 世界屈指の長寿大国である。国民総幸福度はブータンより低い。
- 食料はちまたにあふれているが食料自給率は低い。
- 全国に比べ，つくば市は人口が増加している。農村部は人口減少。
- つくばは世界各地から人々が集まる街。

育てる力
A1：客観的思考力
A2：問題発見力

ABOUT　課題調査①　2h

2～3　日本（つくば）と世界のよさと課題を調べよう
- インターネット，地図帳，図書などを使って，日本（つくば）と世界のよさと問題点を洗い出し，比較する。
  ☆調査項目は，自分たちで考え出すよう助言する。
  （例）人口，農産業，所得，健康，自然，気候，紛争，幸福度，衣食住，歴史，文化，交通，政治など

育てる力
E1：情報活用力
E2：ICT活用力

交流協働①　1h

4　地域の方々や外国人，AETの先生に日本や外国のことを聞こう
- 外国人から見た日本の姿を知る。
- JICAや外国人研究者，外国から帰国された日本人などから聞く。
- 自分たちが調べようとしていることを聞いてもらい，調査の方向性を考える。

育てる力
C1：創造力
D2：協働力

| まとめ① | 2h |

5〜6 日本（つくば）と世界のよさと課題をまとめよう
- スタディノートを使って，自分たちで調べた「日本（つくば）と世界のよさと課題の比較」をまとめる。
  - ☆まとめ方は各自で創造性を発揮して，単なる比較ではなく問題提起できるようなものにするよう助言する。
  - （例）日本とブータンの幸福度が違う理由，日本の四季のような気候がある国は他にあるのか，つくば市の人口が増える理由，日本が高度成長できた理由，つくばと日本の農業，世界の人口問題，平和な日本と世界の紛争，日本（つくば）の歴史の素晴らしさ，など

育てる力
B2：自立的修正力
C1：創造力

| FOR | 提案発信① | 1h |

日本（つくば）と世界のよさと課題を発信しよう
7　自分が調べた日本（つくば）と世界のよさと課題を発信しよう
- 自分たちで調べた日本（つくば）と世界のよさと課題を，スタディノート電子掲示板機能を使って，市内全学園に発信する。

育てる力
D1：言語力
E2：ICT活用力

| ABOUT | 課題調査② | 2h |

8〜9　自分が調査した内容の他に，どのような日本（つくば）と世界のよさと課題があるか再調査しよう
- 他の地域にはどんな国があるか，スタディノート電子掲示板に掲載されている他校の調査を参考にする。
- 他校の調査から，自分の調査で不足していること，もっと調べたほうがよいこと，関連して調べようと思ったことなどを，実地調査，インタビュー，インターネット，図書などを使って，再調査する。

育てる力
E1：情報活用力
E2：ICT活用力

| まとめ② | 2h |

10〜11　再調査したことをもとに，どのような日本（つくば）と世界のよい点と課題があるかをさらにまとめよう
- 再調査したことをもとに，スタディノートを使って，自分が調べた内容について，さらに内容を深くとらえてまとめる。

育てる力
C2：革新性
D1：言語力

| 交流協働② | 1h |

12　他学園の友達と協働して，日本（つくば）と世界のよさと課題を話し合おう
- 同じようなことを調べたにも関わらず，考え方やまとめの意見に違いがある人と話し合うことで思考を深める。
- スタディノート掲示板を使って，他校の人たちと考えを深める。

育てる力
B2：自立的修正力
E2：ICT活用力

| FOR | 提案発信② | 1h |

13　日本（つくば）と世界を比べてみよう
- テレビ会議やスタディノート電子掲示板を使って，自分たちがまとめたことを発表し，世界と日本（つくば）を比較することで，世界にはさまざまなよさと課題があることを知り，改めて日本（つくば）のよさと課題を考える。

育てる力
D2：協働力
F1：地域や国際社会への市民性

| 評価 | 1h |

14　活動のまとめをしよう
○日本（つくば）と世界を比べることをとおして，改めて日本（つくば）のよさと課題を理解している。
○日本（つくば）だけでなく世界に目を向け，日本だけでなく世界中の人々が幸せに生活するための今後の日本（つくば）の役割を考えてまとめている。

育てる力
B1：自己認識力
B2：自立的修正力

| IN | 新たな課題設定 | 1h |

世界に誇れる日本人とは何か
15　改めて日本（つくば）のよさを再発見し，世界に誇れる日本人（つくば市民）になろう
- 日本人は，外国人に比べ，郷土愛があまりないと言われているが，日本（つくば）と外国を比べることで，改めて日本（つくば）のよさを知り，誇りをもって日本（つくば）を語れる日本人（つくば市民）になるためには，どうしたらよいか考える。

育てる力
A1：客観的思考力
F2：キャリア設計力

「つくばスタイル科」（歴史・文化）単元プラン【平成24年度版】

単元名	**つくばのまち 再発見**

学　年｜第8学年
総時間｜15時間

主な内容	☑環境　☑キャリア　☑歴史・文化　　福祉　　国際理解　☑科学技術　☑豊かな心
単元目標	◎つくばには，世界最先端のさまざまな分野の研究機関があることがわかる。➡（A1, A2） ○実際につくばの研究施設を訪問し，研究内容やそこで働く人々の様子を知ることができる。➡（C1, E1） ○宇宙，ICT，歴史文化，自然科学，農業食品，環境，防災などの研究に携わっているスペシャリストの方々や他校の友達と交流することで，自分の今後の生き方を考える。➡（B2, E2）
単元構想	つくばは，約2万人の研究者と約300の研究機関がある科学の街，100か国以上の外国人が住む国際色豊かな街，関東の名山である筑波山や北条米など自然豊かな街，平沢官衙遺跡など歴史や伝統文化が数多くある街でもある。しかし，そうしたことに気づかず生活している人が多い。そこで，自分の知らない魅力あるつくばを再発見することで，これからの生活を充実させることや気づかせることができるような単元構想とした。
プロジェクト型学習の視点	自分たちでつくばの研究施設を調べ，スタディノートの電子掲示板で発信することにより，市内全8年生の調査が集まり，市全体の魅力ある街のデータベースとなる。 　教師に教わるだけでなく，実地調査をしたり地域の方々と連携したりすることで，これまでにない新しい発想が生まれる。
本質的課題	○未来をつくるのは何だろう
単元課題	○つくばにある研究施設とはどのようなものだろう ○つくばの研究施設を探検しよう ○つくばの再発見したことを発信しよう

IN　　課題発見　　1h

つくばにある研究施設とはどのようなものだろう
1　つくばの研究施設ってすごいの？
- 約2万人の研究者が住み，約300の研究機関がある科学の街
- 100か国以上の外国人が住む国際色豊かな街
- 関東の名山である筑波山や北条米など自然豊かな街
- 平沢官衙遺跡や小田城趾など歴史や伝統文化が数多くある街

育てる力
A1：客観的思考力
A2：問題発見力

ABOUT　　課題調査①　　2h

2〜3　つくばの誇れる研究施設を発見しよう
　☆インターネット，書籍，市刊行物などを使って，つくばの研究施設のことを調べるよう助言する。
- （宇宙）JAXA 筑波宇宙センター，高エネルギー加速器研究機構，つくばエキスポセンター，サイエンス・スクエアつくばなど
- （ICT）インテル筑波本社など
- （歴史文化）国立公文書館，つくば市出土文化財管理センター，国土地理院 地図と測量の科学館，つくば市立郷土資料館など
- （自然科学）つくば実験植物園，産総研，つくば市昆虫館など
- （農業食品）食と農の科学館，農業・食品産業技術総合研究機構など
- （環境）国立環境研究所，気象研究所など
- （防災）防災科学技術研究所，建築研究所，土木研究所など

育てる力
E1：情報活用力
E2：ICT 活用力

交流協働①　　1h

4　研究機関の方々からつくばのよさを聞こう
- 自分たちで調べたことを研究機関の方々に聞いてもらい，アドバイスをいただいたことを，今後の学習に生かす。
- テレビ会議を積極的に活用する。

育てる力
C1：創造力
D2：協働力

| まとめ① | 2h |

5〜6 つくばの研究施設などをまとめよう
- スタディノートを使って, 自分たちで調べたつくばのよさごとにまとめる。
- 調査内容は, 分野［科学, 歴史など］ごと, 地区［筑波地区など］ごと, 施設［研究所, 建造物, 遺跡など］, 内容［歴史, 文化など］ごとにまとめる。
- それぞれがまとめたスタディノートはメールで送ることで, 内容を1つにまとめることができる。

育てる力
B1：自己認識力
B2：自立的修正力

| FOR | 提案発信① | 1h |

7 つくばの誇れる研究施設を発信しよう
- スタディノートの電子掲示板機能を使って, 市内全学園に自分たちで調べたつくばのお気に入りの研究施設を発信する。
- 校内で中間発表会を行い, 今後のアドバイスをもらう。

育てる力
D1：言語力
E2：ICT活用力

| ABOUT | 課題調査② | 2h |

つくばの研究施設を探検しよう
8〜9 実際につくばの研究施設を調査しよう
- 自分のお気に入りの研究施設を実際に訪問したり, ホームページで研究内容を調べたり, そこで研究する方々にインタビューしたりする。
- 訪問場所や方法は各学校の実態に応じて決める。
- 調査方法として, スタディノートポケットやタブレットPC, デジタルカメラなどICT機器を上手に使って取材する。

育てる力
C1：創造力
E1：情報活用力

| まとめ② | 2h |

10〜11 調査したことを加え, つくばの誇れる研究施設をまとめよう
- これまで自分が訪問したことをもとに, スタディノートを使って, お気に入りの研究施設とそこで働く人々のこと, 社会への貢献についてまとめる。
- つくばにはどんなよさがあるか, スタディノート電子掲示板に掲載されている他校の調査を見て, ヒントにする。

育てる力
C2：革新性
D1：言語力

| 交流協働② | 2h |

つくばの再発見したことを発信しよう
12〜13 つくばの研究機関の方々と話をしよう
- 宇宙, 自然科学, 農業食品, 環境, 防災, 歴史文化などの研究に携わっているスペシャリストの方々から, 研究の内容, がんばっていること, 今後の夢などを聞く。
- 直接招いたり, テレビ会議システムを実態に応じて活用したりする。
- スタディノート電子掲示板を使って, 他校の人たちと考えを深める。

育てる力
B2：自立的修正力
E2：ICT活用力

| FOR | 提案発信② | 1h |

14 つくばの誇れる研究機関を語り合おう
- 電子黒板やテレビ会議やスタディノート電子掲示板を使って, 自分たちがまとめたつくばの素晴らしい研究施設を発表し, つくばの研究施設が, 日本や世界のためにどのように貢献しているかを考える。

育てる力
D2：協働力
F1：地域や国際社会への市民性

| 評価 |

- つくば再発見をとおして, つくばにはさまざまな特色があり, その科学・国際色・自然・歴史・文化などが調和して, 素晴らしいくらしを実現していることを理解している。
- 科学・国際色・自然・歴史・文化などが調和した素晴らしいつくばを将来へどうつなげていくかを考えて発言している。

育てる力
B1：自己認識力
B2：自立的修正力

| IN | 新たな課題設定 | 1h |

15 つくばの将来を考えよう
- つくばの研究機関は, 日本（つくば）のみならず世界の人々のくらしをよくするために研究を行っている。今後, 自分たちはどのように生き, 社会に貢献していったらよいのかを考える。

育てる力
A1：客観的思考力
F2：キャリア設計力

歴史・文化

単元プラン

「つくばスタイル科」（歴史・文化）単元プラン 【平成24年度版】

単元名：日本やつくばの自慢を世界に発信

学年：第9学年
総時間：15時間

主な内容	☑環境　☑キャリア　☑歴史・文化　　福祉　☑国際理解　☑科学技術　☑豊かな心
単元目標	○世界に発信するために自分の自慢を英語にすることができる。➡（B1，C2） ○自分が考える日本やつくばの自慢を英語で伝えることができる。➡（D2，F1） ◎日本人（つくば市民）としての誇りをもち，つくば市民として，自分の生き方を考えることができる。➡（A1，F2）
単元構想	これまでの学習で，学校周辺の歴史文化を発見したり，世界の国々を調査し日本（つくば）と世界を比べてみたりしてきたが，それをもとにして，日本やつくばを心から自慢できる気持ちが育ち，世界に誇れる日本人になろうとすることができるような単元構成にした。また，世界に羽ばたく人間として，英語を使って自国や郷土（つくば）の自慢ができるような単元構成とした。
プロジェクト型学習の視点	自分なりに日本やつくばの自慢を見つけ，それを，スタディノートで英語にまとめ電子黒板を使ってプレゼンテーションを行い，世界に向けて情報発信し，お互いにそれを見合うことで，改めて日本（つくば）のよさに気づく。 　教師に教わるだけでなく，実地調査をしたり外国人と交流したりすることで，これまでにない新しい発想が生まれる。
本質的課題	○未来をつくるのは何だろう
単元課題	○日本やつくばの自慢とは何だろう ○世界に発信するために自分の自慢を英語にしよう ○つくば市民としての生き方を考えよう

IN　課題発見　1h

日本やつくばの自慢とは何だろう

1　日本やつくばを愛し，そのよさを世界に向けて英語で発信しよう
- これまで学習してきた学習内容
  「5年　学校周辺の歴史・文化を発見しよう」
  「6年　世界の国々の探検をしよう」
  「7年　日本（つくば）と世界のよさと課題を比較しよう」
  「8年　つくばのまち　再発見」
  をもとに，日本やつくばのよさを堂々と自慢できるようになる。

育てる力
A1：客観的思考力
A2：問題発見力

ABOUT　課題調査①　2h

2～3　自分なりに日本やつくばの自慢を見つけよう
- これまでの自分の学習や実地調査，インタビュー，インターネット，書籍などをデジタルカメラ，タブレットPC，スタディノートポケットを使って情報収集を行う。
  ☆プレゼンテーションのために，写真などの映像をしっかり集めるよう助言する。
  （例）科学の街，国際都市，環境都市，筑波山，平沢官衙遺跡，北条米，パンの街，ロボットの街，日本の道路100選，スポーツ，日本人の礼儀正しさ，ショッピング，産業，アニメーション，など

育てる力
E1：情報活用力
E2：ICT活用力

交流協働①　1h

4　つくばの方々や外国人，AETの先生に自分の国の自慢を聞こう
- 外国人が語る自国の自慢を聞く。
- JICAや外国人研究者，外国から帰国された日本人などから話を聞く。
- 自分の国や郷土を愛し，それを堂々と話す姿を見ることで，日本人（つくば市民）として，誇りをもって生活する素晴らしさを知る。

育てる力
C1：創造力
D2：協働力

114

| まとめ① | 2h |

5〜6　日本やつくばの自慢を日本語でまとめよう
- スタディノートを使って，日本やつくばの自慢をまとめる。
- まとめ方は，単なる紹介ではなく，自分がどうしてそれが他に誇れるものなのかという気持ちが伝わるものにする。
- 世界に向けてプレゼンテーションをするので，スタディノートの画面は，文字ばかりにせず，映像中心にまとめる。
  - ☆まとめ方の例（私たちの自慢は○です→自慢する理由：他国，他市町村との比較など）→自慢の内容→自分なりにその自慢を今後どうしていきたいか自分の考え）を提示する。

育てる力
B1：自己認識力
B2：自立的修正力

| FOR | 提案発信① | 1h |

7　日本やつくばの自慢を発信しよう
- 自分たちの地域自慢を，スタディノート電子掲示板機能を使って，市内全学園に発信する。
- 電子黒板を使って，友達に対して，堂々と日本やつくばの自慢をプレゼンテーションする。

育てる力
D1：言語力
E2：ICT活用力

| ABOUT | 課題調査② | 2h |

8〜9　他の友達のプレゼンテーションや他学園の掲示板を見て，自分なりの改善するための課題を洗い出そう
- 単なる日本やつくばの紹介になっていないか。
- 全世界の人に日本やつくばが本当に誇れるものとは何だろう。
- プレゼンテーションの仕方で伝わり方が違う。

育てる力
E1：情報活用力
E2：ICT活用力

歴史・文化

単元プラン

| まとめ② | 2h |

世界に発信するために自分の自慢を英語にしよう

10〜11　世界に発信するために自分の自慢を英語でまとめよう
- 辞書やインターネットなどを使い，英語の先生やAETの先生，地域の方々に協力いただきながら自分の自慢を英語にしてみる。
  - ☆これまでに習った英語を使って表現するよう助言する。
- まとめたものはスタディノートの電子掲示板にのせる。

育てる力
B1：自己認識力
C2：革新性

| 交流協働② | 1h |

12　自分が見つけた日本やつくばの自慢を英語で話し，英語の先生，AETの先生，地域の外国人や英語の得意な方に聞いていただこう
- 自分の話す内容が伝わっているか，自分の熱意が伝わっているか，微妙なニュアンスが伝わっているかなどを，AETの先生などからアドバイスをいただく。

育てる力
B2：自立的修正力
E2：ICT活用力

| FOR | 提案発信② | 1h |

13　英語で日本やつくばの自慢をプレゼンテーションしよう
- 校内で発表するだけでなく，電子黒板を使ってプレゼンテーションする姿を動画にして，つくば駅やインフォメーションセンターなど外国のお客様を迎える場所で上映してもらい，つくばのイメージアップをする。
- ホームページなどにもアップし，世界に向けて発信する。
  - ※インターネットなどにアップするときには保護者の同意が必要

育てる力
D2：協働力
F1：地域や国際社会への市民性

| 評価 | 1h |

14　活動のまとめをしよう
○世界に向けて，日本やつくばの自慢を英語で発信することができている。
○日本やつくばを心から自慢できる気持ちが育ち，世界に誇れる日本人になろうとする気持ちが芽生えている。

育てる力
B1：自己認識力
B2：自立的修正力

| IN | 新たな課題設定 | 1h |

つくば市民としての生き方を考えよう

15　海外や他の地域で生活することになっても，日本人，つくば市民としての誇りをもち，そして，他を認めながら，常に課題を見つけて追究していく気持ちをもとう
- 日本やつくばでの自慢を，自分が今後どう関わり，大切にしていくかを考えることができる。

育てる力
A1：客観的思考力
F2：キャリア設計力

第4章
「つくばスタイル科」の構成

4 言語力（コミュニケーション）を育む外国語活動

　「つくばスタイル科」の発信型プロジェクト学習に並行して，外国語（英語）を用いたコミュニケーション活動を継続的に体験させることにより，児童生徒の「人とかかわる力」を育てるために外国語活動を設定した。活動を実践していく上でのねらいは以下のとおりである。

〔「つくばスタイル科」外国語活動の目標〕
　外国語（英語）の音声やリズムに慣れ親しみ，外国語を使った活動を体験することをとおして，言語的・非言語的なコミュニケーションスキルを育み，日本語や外国語を使ってのコミュニケーションに対する積極的な態度を養う。

《低学年ブロックの内容及び目標》
　○基礎的なあいさつの表現に慣れる。
　○日常生活の中で見聞きすることが多いカタカナ言葉とそのジャンルの語彙を「英語」として聞き，発することに慣れる。
　○歌やチャンツを利用し，英語の音やリズムに慣れる。

《中学年ブロックの内容及び目標》
　○基礎的なあいさつの表現を使いこなす。
　○日常生活で見聞きする英語の語彙を定型表現にあてはめて，Ｑ＆Ａの英語の文として使うことに慣れる。
　○練習した英語の単語を視覚的にとらえることに慣れる（アルファベットの認識・読みができるようになる，ヘボン式ローマ字の導入）。
　○歌やチャンツを利用し，英語の音やリズムのつながりをとらえて単語や文を発する。

《高学年ブロックの内容及び目標》
　○基礎的なあいさつの表現に習熟する。
　○目的に応じた表現を練習し，その表現を使ってコミュニケーション活動を行う。
　○英語の単語や文を読むことに慣れる。
　○アルファベットの小文字・大文字が書けるようになる。

　外国語活動は15分モジュールを軸に実施をするので，日課表に外国語活動を位置づけることや，児童の発達段階に応じた年間指導計画を設定することが必要になる。また，外国語活動の内容がスパイラルに展開していくために，1年から4年についてはモジュールに対応した指導案を作成した。

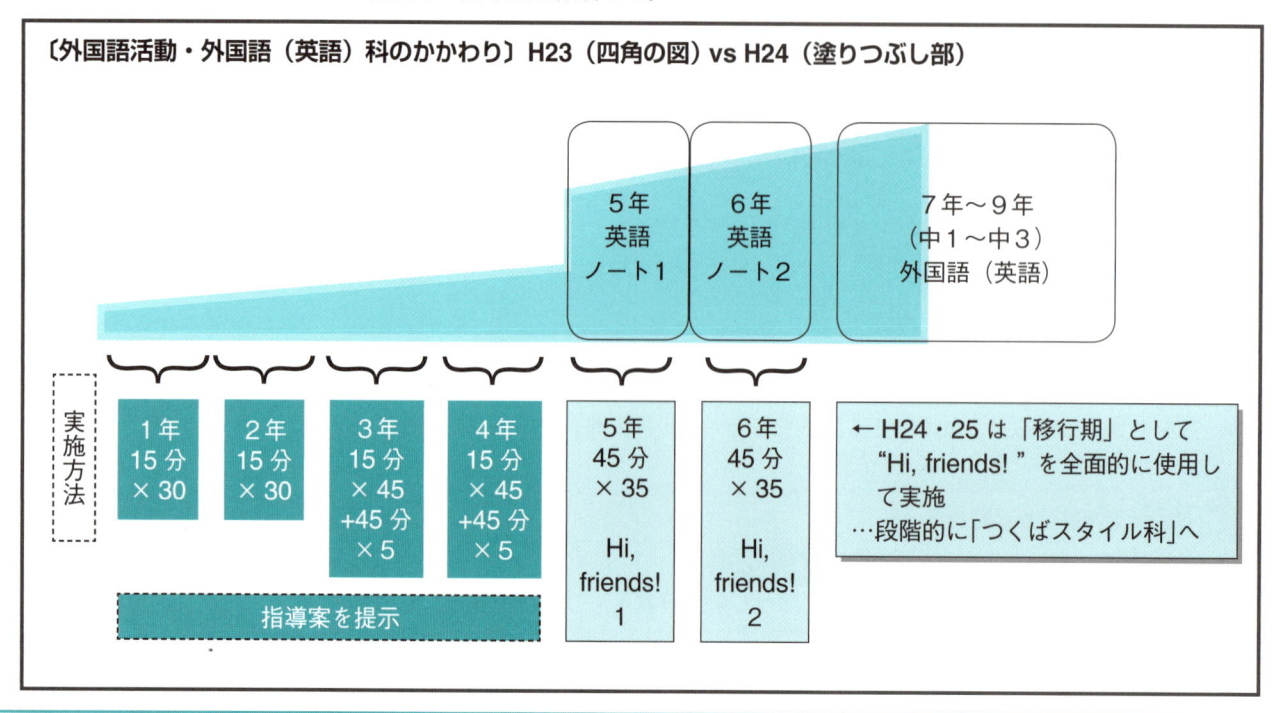

〔外国語活動・外国語（英語）科のかかわり〕H23（四角の図）vs H24（塗りつぶし部）

| 実施方法 | 1年 15分×30 | 2年 15分×30 | 3年 15分×45 +45分×5 | 4年 15分×45 +45分×5 | 5年 45分×35 Hi, friends! 1 | 6年 45分×35 Hi, friends! 2 | ←H24・25は「移行期」として"Hi, friends!"を全面的に使用して実施 …段階的に「つくばスタイル科」へ |

5年 英語ノート1　6年 英語ノート2　7年〜9年（中1〜中3）外国語（英語）

指導案を提示

第4章
「つくばスタイル科」の構成

4 言語力(コミュニケーション)を育む外国語活動

　1年から4年にある15分モジュールは「朝の学習の時間」などに設定し，外国語活動の実施により，他の授業への教育課程上の影響を抑えるようにした。また3・4年の45分コマは，複数モジュールのまとめとしての位置づけがされているため，「つくばスタイル科」の授業のコマとして週時程内に位置づけて実施することとしている。

〔平成23年度までの外国語活動実践〕

小学校外国語活動（5年・6年）の先行実施と英語指導助手（AET）

　平成21年度からの「英語ノート」を用いた外国語活動の先行実施にあたり，つくば市では担任の補助としてAETを派遣できるよう計画を立て，児童が「生きた」英語に接する機会を確保してきた。平成23年度には17人のAETが，37小学校において4259時間の授業補助を行った。

　平成24年度からの小中一貫教育中期（5年から7年）の外国語活動・外国語科の充実を図るため，AET18人体制としてTT授業の機会を増やすこととした。

小中一貫教育の視点を取り入れた合同授業

　小中一貫教育の学園構成により，教員，児童生徒が他校において一緒に授業をする機会を容易にもてるようになった。

　中学校英語科教諭がティームティーチング（TT）の体制で授業に参加することは，児童の実態を知ることに効果があるだけでなく，小学校外国語活動を生かした中学校の外国語科授業づくりがしやすくなった。また「英語ノート」を7年英語科入門期に教材として活用するヒントを得ることができた。

　児童生徒の合同授業における交流も実施されている。授業をとおして，小学生は中学生へのあこがれと中学校英語科への期待感を増したり，中学生は自らの成長を自覚したりと，双方にとって効果がみられた。

▲つくば百合ヶ丘学園での合同授業

小学校独自のプログラムによる外国語活動

〈桜南小学校の保護者による英語活動〉

　平成22年度から18名の保護者ボランティアによる外国語活動を1年から4年を対象に始めた。15分間の朝の学習の時間を活用した取り組みで，英語を使ったあいさつ，歌や踊り，そしてクイズやゲームを盛り込んだ活動が行われている。保護者ボランティアは事前に打ち合わせや学習会，教材の作成などを行い，非常に熱心に準備している。児童もいつも英語活動を楽しみにしており，15分間は常に充実した時間となった。

▲保護者による「桜南Kids」

〈竹園東小学校の独自プログラムによる英語活動〉

　竹園東小学校は，平成11年度から外国語活動「竹園ワールド」を展開してきた。5年・6年の外国語活動が始まった平成21年度から，1年から4年は朝の学習「ぐんぐんタイム」を活用し，毎週1回の15分モジュール外国語活動を実施し，歌・チャンツやゲームなどを取り入れた。また年1回「竹園ワールドスペシャル」を設定し，毎週の活動を生かした内容により，45分の外国語活動が行われてきた。

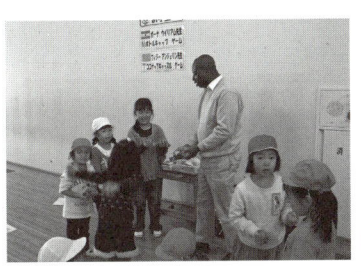

▲「竹園ワールド」15分モジュール

◀「竹園ワールドスペシャル」

外国語活動　指導案　　　　　　　　　　　　　　　　　　　　　　　　Teaching Plan for Tsukuba Style English

単元名	私は○○。よろしくね	学　年　第1学年
		レッスン　4

取扱う表現　Hello. My name is ～．
　　　　　　　Nice to meet you.

学習の展開

HRTの活動・指示	児童の活動	準備物　など
1. はじめのあいさつをする。 Hello! / Good morning!	・元気よくあいさつする。 Hello, Mr./Ms. ○○．	
2.「Hello」を歌う。 Let's sing "Hello" song. Ready?	ふりをつけて歌う。 Yes. Music, please!	CD　トラック3 Hello song 絵拡大ポスター
3.「よろしくね」とあいさつしよう。 「こんにちは」のあとは，名前を言って，「よろしく」とあいさつしよう。 Please repeat. 　My name is ～． 　Nice to meet you.	・先生をまねてリズムをつけて発音する。 OK. "My name is ○○．" "Nice to meet you."	
4. 紹介ゲーム 友達に自己紹介しよう。 男子◆人，女子▼人に	多くの友達に英語で自己紹介をする。 Hello. My name is ○○．Nice to meet you.	
⑤ 名刺交換ゲーム This is my card. この名刺を5人の友達と交換しよう。 For example,「たとえば」 Rock, scissors, paper. One, two, three. 「勝ち」が先に自己紹介だよ。My name is ○○．（カードを渡す）	・5人の友達と名刺を交換する。 ・友達と会った時は，目を見てあいさつをする。 ・例を見て，活動の動きを知る。 "My name is 　…．Nice to meet you."	ひらながの名刺カード 5枚 （国語などで作成）
6. 最後のあいさつをする。 Did you like it? Let's do it again.	元気よくあいさつする。 Yes, let's.	

※2・3コマ目は3・4の活動に替えて，⑤の活動を行う。
※CDはつくば市教育委員会が編集。

外国語活動 指導案　　　　　　　　　　　　　　　　　　　Teaching Plan for Tsukuba Style English

単元名	虹のなないろ

学　年｜第1学年
レッスン｜6

取扱う表現　red, orange, yellow, green, blue, purple, pink

学習の展開

HRTの活動・指示	児童の活動	準備物　など
1. はじめのあいさつをする。 Hello, everyone!	・元気よくあいさつする。 Hello, Mr./Ms. ○○.	
2. カードを見ながら，発音する。 「これは英語で何色かな」 Repeat. red, orange, yellow, green, blue, purple, pink	・先生をまねて発音する。 OK. "red", "orange", "yellow", "green", "blue", "purple", "pink"	色カード （赤, オレンジ, 黄, 緑, 青, 紫, 桃色）
3. レインボーソングを練習する Let's sing "rainbow song". Red and yellow and pink and green, purple and orange and blue. I can sing a rainbow, sing a rainbow, sing a rainbow, too.	・色カードを見ながら，歌う。 ・慣れてきたら，ふりも入れながら歌う。	色カード （赤, オレンジ, 黄, 緑, 青, 紫, 桃色） CD　トラック4 I can sing a rainbow.
4. 色探しゲーム① 英語で，色を言う。 「この色は，どこにあるかな？　指さしてみよう。」	教師の言った色が入っている物，服を指さしする。 （席に座ったまま）	
④ 色探しゲーム② 英語で，色を言う。 「この色は，どこにあるかな？　タッチしてみよう。」	教師の言った色が入っている物，服にタッチする。 （移動してもよい。）	
④ カラーバスケット 児童の色を決める。（7色） 鬼は，英語で色を言う。 Let's do "Fruit Basket." 鬼さん, say a color. For example, たとえば "red"	・鬼になった児童は大きな声で色を言う。 ・当てはまる色の児童は，席を移動する。	色カードは黒板に （赤, 青, 黄, オレンジ, 緑, 紫, 桃色,）
5. 最後のあいさつをする。 Did you like it? Let's do it again.	元気よくあいさつをする。 Yes, let's.	

※ 2・3コマ目には4の活動を④のいずれかに入れ替えて行う。
※ CDはつくば市教育委員会が編集。

外国語活動　指導案（1年 レッスン6）

外国語活動　指導案　　　　　　　　　　　　　　　　　　　　　　　Teaching Plan for Tsukuba Style English

| 単元名 | 私は○○です。あなたは？ |

学　年｜第2学年
レッスン｜2

取扱う表現
Hello. My name is ～.
Nice to meet you. What's your name?

学習の展開

HRTの活動・指示	児童の活動	準備物　など
1. はじめのあいさつをする。 Good morning everyone. Hello, everyone.	・あいさつをする。 Good morning. Hello.	
2. 自己紹介の仕方の練習 「こんなときはどう言うかな？」 Let's practice. Please repeat. 名前をたずねて… What's your name?	Hello. My name is ～. Nice to meet you. What's your name?	場面絵
3. 歌を歌う。 Let's sing "What's Your Name ?" song.	・歌を歌う。	CD トラック7 What's Your Name ?
④ 名刺をつくる。（日本語で） 名刺サイズの画用紙を配付する。	・名刺をつくる。	名刺カード 色えんぴつ
④ 名刺交換ゲームをする。 　・ゲームの説明をする。 We play a game. 5 minutes. Go to friends, and do janken. 「勝ち」first, 「負け」next. 　・名刺をたくさん集めた児童を賞賛する。 How many?　何枚？ Great!	・名刺交換ゲームをする。 ①相手を探してジャンケン「勝ち」先に名前を尋ねて，名刺をあげる。 ②名刺交換したら他の人へ	名刺
5. おわりのあいさつをする。 Good job, everyone. See you.	・あいさつをする。 See you, Mr./Ms. ○○.	

※2・3コマ目は1→3→④→5の順で行う。
※CDはつくば市教育委員会が編集。

外国語活動　指導案　　　　　　　　　　　　　　　　　　　　Teaching Plan for Tsukuba Style English

単元名	9つのいろいろ

学　年｜第2学年
レッスン｜5

取扱う表現　red, white, black, yellow, green, pink, blue, orange, purple

学習の展開

HRTの活動・指示	児童の活動	準備物　など
1. はじめのあいさつをする。 Good morning, everyone. Hello, everyone.	・あいさつをする。 Good morning. Hello.	
2. 色の言い方を練習する。 いろんな「色」Colors. Let's practice. Please repeat.	red, white, black, yellow, green, pink, blue, orange, purple	色の絵カード
3. 歌を歌う。 Let's sing "Colors".	・歌を歌う。♪ Colors ♪	CDトラック9 Colors
④ カラータッチゲームをする。 　Let's play Touch color game. 　・教室の中から色を選んで発音する。 　Please touch "Red". Yes, this is red. 　・児童の服から色を選んで発音する。 　Please touch "Blue". Yes, ○ kun's.	・カラータッチゲームをする。 　先生の発音を聞き，その色のもの・衣服から探し，タッチする。	
④ カラーバスケットをする。 　Let's play color basket. 　ゲームの説明をする。	・カラーバスケットをする。 　輪になって座る。 　フルーツバスケット方式で。	椅子 カラーバッジ
5. おわりのあいさつをする。 You did a good job. See you.	・あいさつをする。 See you.	

※2・3コマ目は1→3→④→5の順で行う。
※CDはつくば市教育委員会が編集。

外国語活動　指導案　　　　　　　　　　　　　　　　　　　　Teaching Plan for Tsukuba Style English

単元名	好きな食べ物はなあに？	学　年	第3学年
	3モジュール	レッスン	8

取扱う表現　I like sweet potatoes. Do you like sweet potatoes?
mushroom / watermelon / grape / banana / peach / tomato / green pepper / corn / carrot

学習の展開

HRTの活動・指示	児童の活動	準備物　など
1. あいさつ＆英語の歌 Hello, everyone. Let's sing. "Are You Hungry?".	・元気に笑顔であいさつする。 Hello, Mr./Ms. ○○． ・英語の歌を元気に歌う。	CD　トラック12 DVD　トラック5 Are You Hungry?
2. 野菜・くだものの名前を練習 （絵を見せながら）「これは何て言うのかな」 What is this?	・それぞれの形を表す言葉を先生にならって発音する。	野菜・くだものの絵カード
3. 好きな食べ物集めゲーム カードをペアに渡し，机に広げさせる。「二人とも好きな食べ物を見つけよう」 ペアをかえて行う。 たくさんカードを集めた人が勝ち。	・ペアで活動 ・自分が好きな食べ物を指して相手にたずねる。Do you like ○○？ 相手が「好き」Yesならカードをとる。	野菜・くだものの絵カード
4．おわりのあいさつをする。 You did a good job. See you.	・あいさつをする。 See you.	

※ CD・DVDはつくば市教育委員会が編集。

外国語活動 指導案　　　　　　　　　　　　　　Teaching Plan for Tsukuba Style English

単元名	買い物に出かけよう

45分授業用

学　年｜第３学年
レッスン｜9

取扱う表現　Do you have carrots? How many?

学習の展開

HRTの活動・指示	児童の活動	準備物　など
1. あいさつ & 英語の歌 Hello, everyone. Let's sing. "Are You Hungry?".	・元気に笑顔であいさつする。 Hello, Mr./Ms. ○○． ・英語の歌を元気に歌う。	CD　トラック12 DVD　トラック5 Are You Hungry?
2. 買い物で「〜はありますか」と尋ねる表現を練習する。 絵を見せながらたずねさせる。 Do you have ○○？	・絵を見ながら，質問の練習をする。	野菜・くだもの 文具の絵カードや実物
3. 「買い物ごっこ」のやり方説明。 　店は八百屋・くだもの屋・文具店 　買い物リストをつくり買ってくる。 　役割ごとの表現を練習する。	・買い物リストをつくる。これまでに学習した語を使う。	CD トラック9
・お店の人の表現 Hello. Yes. How many? Thank you.	・お客の表現 Hello. Do you have ○○？ Two, please.	
4. 買い物のグループ練習をする。 　4〜5人グループとして，八百屋・くだもの屋・文具店とお客の役になり，グループ内で練習する。	・役割の順番を決める。2つ以上の役割を練習する。	野菜・くだもの 文具の絵カードや実物
5. 「買い物ごっこ」 　4役に分かれて，買い物ごっこ。お客役の買い物の成果を「買い物リスト」と照らし合わせて，合っている部分を称賛する。	・買い物リストは人数分以上のものを買うこととして，一人1買い物以上を英語で行う。	野菜・くだもの 文具の絵カードや実物 買い物カード
6. おわりのあいさつをする。 You did a good job. See you.	・あいさつをする。 See you.	

※ CD・DVDはつくば市教育委員会が編集。

外国語活動　指導案　　　　　　　　　　　　　　　　　　　Teaching Plan for Tsukuba Style English

単元名	あいさつしよう　3モジュール	学　年	第4学年
		レッスン	4

取扱う表現

Hello. How are you? --- I'm fine, thank you.
Good morning. / Good afternoon. / Good bye.

学習の展開

HRTの活動・指示	児童の活動	準備物　など
1. あいさつ＆英語の歌 Hello, everyone. Let's sing. "Hello Song".	・元気に笑顔であいさつする。 Hello, Mr./Ms. ○○． ・英語の歌を元気に歌う。	CD　トラック3 Hello Song
2. あいさつの練習をする。 Let's practice! Please repeat.	・あいさつの言い方を練習 Hello. How are you? I'm fine, thank you.	
③ あいさつの文字を読んでみよう 「いつも使っているあいさつは英語でこういうふうに書くんだよ。さぁ，読んでみよう」 Please repeat.	・先生をまねて発音 Hello. / Good morning. / Good afternoon. / Good bye.	英語のあいさつ（黒板掲示用）
④「あいさつ，できるかな」 英語のあいさつ文を文字で見せて，それに応じたあいさつを引き出す。	・先生が見せるあいさつを見て，それがどのあいさつか考え，応答する。	カラの吹き出し 英語のあいさつ
5. おわりのあいさつをする。 You did a good job. Let's do it again.	・あいさつをする。 Yes, let's. See you.	

※③④の活動は繰り返し行う。
※CDはつくば市教育委員会が編集。

外国語活動 指導案		**Teaching Plan for Tsukuba Style English**

単元名: 家族を紹介します （45分授業用）

学年: 第4学年
レッスン: 5

取扱う表現: father, mother, brother, sister, grandpa, grandma

学習の展開

HRTの活動・指示	児童の活動	準備物　など
1. あいさつ＆英語の歌 Hello, everyone. Let's sing. "Family" song.	・元気に笑顔であいさつする。 Hello, Mr./Ms. ○○. ・英語のチャンツを元気にする	CD　トラック21 DVD トラック7 Family Song
2. 家族関係のつながりを表す表現 （家族図を見せて）家族はこんな風に言うんだね。Please repeat.	・先生をまねて発音する。 father / mother / brother /sister / grandpa / grandma /grandfather / grandmother	家族関係を表す図
3. 家族紹介 Show&Tell 家族のだれかを紹介しよう。 複数の紹介ができる児童には，励まして称賛する。 できたらグループ内で発表をさせる。 自信がついたら，全体の前で発表させる。	・似顔絵を描く。 ・紹介する内容を考えて，練習する。 My name is ○○. This is my grandpa. He is 62. He is nice.	画用紙 クレヨンなど
4. おわりのあいさつをする。 You did a good job. Let's do it again.	・あいさつをする。 Yes, let's. See you.	

※ CD・DVD はつくば市教育委員会が編集。

第4章 「つくばスタイル科」の構成

4 言語力(コミュニケーション)を育む外国語活動

外国語活動 年間指導計画例

月	1年 L	M	レッスン単元名	2年 L	M	レッスン単元名	3年 L	M	レッスン単元名	4年 L	M	レッスン単元名	5年 L	レッスン単元名	6年 L	レッスン単元名
4							1	1	私とペット	1	1	100までの数字で遊ぼう	1	[45分×2] Hello! 言語・あいさつ	1	[45分×4] Do you have "a"? 言語・文字
								2			2		2	[45分×2] I'm happy. ジェスチャー・感情・様子		
								3			3					
							2	1	この形はなあに?	2	1	天気もいろいろ				
5				1	1	家族とあいさつ		2			2					
					2			3			3					
					3		3	1	色で遊ぼう	3	1	3文字語をつくろう	3	[45分×4] How many? 数・身のまわりの物	2	[45分×4] When is your birthday? 行事・月・日付
	1	1	数字1〜10で遊ぼう	2	1	私は○○です。あなたは?		2			2					
		2			2			3			3					
		3			3		4	1	動物園・農場へ行こう	4	1	あいさつしよう				
6	2	1	数字11〜20で遊ぼう	3	1	お天気は…		2			2					
		2			2			3			3					
		3			3		5		自己紹介をしよう	5		家族を紹介します		[45分×4] I like apples. 果物・動物・食べ物・スポーツ	3	[45分×4] I can swim. スポーツ・動作
	3	1	あいさつしよう	4	1	20まで言えちゃうよ	6	1	数字で遊ぼう	6	1	食べ物何が好き?				
		2			2			2			2					
		3			3			3			3		4			
7																
9							7	1	学校にあるものってなあに?	7	1	どの季節が好き?		[45分×4] What do you like? 色・形	4	[45分×4] Trun right. 建物・道案内
								2			2					
								3			3					
	4	1	私は○○。よろしくね	5	1	9つのいろいろ	8	1	好きな食べ物はなあに?	8	1	今日は何曜日?	5			
		2			2			2			2					
		3			3		9		買い物に出かけよう	9		「何曜日に遊ぶ?」			5	[45分×5] Let's go to Italy. 世界の国々・世界の生活
10	5	1	今日の天気は?	6	1	ハロウィーンパーティ	10	1	人間の体って…	10	1	色で遊ぼう				
		2			2			2			2					
		3			3			3			3					
	6	1	虹のなないろ				11	1	天気はなあに?	11	1	ハッピーハロウィーン	6	[45分×5] What do you want? アルファベット大文字・身のまわりの物		
		2						2			2					
11	7	1	季節をあてよう	7	1	今何時?	12	1	好きな季節はなあに?	12	1	今, 何時何分				
		2			2			2			2					
		3			3		13		今日の天気はなあに?	13	1	誕生日は?				[45分×5] What time do you get up? 世界の国々・世界の生活
12	8	1	楽しいクリスマス	8	1	メリークリスマス					2					
		2			2						3					
		3			3		14		世界のクリスマス	14	1	落とし物ゼロ		[45分×4] What's this? 身のまわりの物	6	
											2					
											3		7			
1	9	1	フルーツ, 言えるよ	9	1	大好き, 食べ物	15	1	アルファベットで遊ぼう	15		日本のお正月				[45分×5] We are good friends. 世界の童話・日本の童話
		2			2			2							7	
		3			3			3		16	1	動物好きですか?		[45分×5] I study Japanese. 教科・曜日		
	10	1	動物, わかるかな	10	1	曜日と季節をおぼえよう	16	1	好きです, やります,		2					
		2			2			2	スポーツ		3					
		3			3			3		17	1	スポーツできる?	8			
2							17	1	楽器の名手?		2					[45分×4] What do you want to be? 職業・将来の夢
								3		18		「お仕事は何ですか?」			8	
							18		○○バスケット		1	○○はどこ?				
							19	1	町で見かける乗り物	19	2			[45分×4] What would you like? 料理		
								3			3					
3							20	1	アルファベットで遊ぼう	20		「何て書いてあるかな」	9			
								2								
								3								

※ 各学年の「つくばスタイル科」外国語活動は以下のレッスンにより構成されている。
　1年=10レッスン　　2年=10レッスン　　3年=20レッスン　　4年=20レッスン
※ 3・4 色網掛けの単元は 45 分授業枠で実施

第4章
「つくばスタイル科」の構成

4 言語力（コミュニケーション）を育む外国語活動

外国語活動指導法研修（平成24年度）

「つくばスタイル科」外国語活動の実践は，小学校教員が全員で取り組むものであるため，教育指導課が主催する教員対象の研修講座を以下のように設定することとした。

〔小学校外国語活動研修講座〕

1　ねらい
　　小学校外国語活動を一層充実させるために，夏季休業中に教員が，実際の活動を行ったり，活動の準備のための情報交換をしたりして，活動を指揮する指導力の向上を図る。

2　対象
　　各小学校外国語活動担当教員（38人）

3　研修の方法
- 各学校における校内の職員研修に「外国語活動」を位置づけ，児童の実態に応じて，研修の項目・内容を決定する。（2～3時間の内容，学校規模による）
- 校内研修に教育指導課英語指導助手（AET）を派遣し，研修の補助をさせる（AETは2～4人，学校規模による）。

また，小学校外国語活動で英語を使った活動を経験し，言語を使ったコミュニケーションへの意識が高まっている児童を，中学校英語科においてどのように指導していくかということも，大きな課題となる。このため，中学校教員を対象とした指導法研修講座も設定した。

〔中学校英語科指導法研修講座〕

1　ねらい
　　小学校外国語活動を経験してきた生徒が，英語に一層の興味と関心をもって学習に取り組んでいくことができるように，英語科教員が授業技術について研修を深め，その向上を図ることで，生徒の学力向上をめざす。

2　対象
　　中学校英語科担当教員全員（47人）

3　研修の方法
- 筑波大学大学院生の中学校における授業研修とのタイアップにより実施する。

【第1回研修：8月初旬】
- 英語科教員が担当学年ごとに意見交換をして，共通の指導案（原案）を作成する。
- 1コマの授業の流れについて協議することにより，どのような流れが生徒の積極的な活動を引き出せるかについて，一定の規準づくりができる。
- 〈課題〉
　① 生徒の内容理解促進のため，オーラルイントロダクション（音声内容説明）を行う。
　② 本時の習得目標文型を用いた4技能の言語活動を含める。

【授業実践：9月～10月】
- 各学校において，作成した指導案に基づき，授業実践を行う。（最終的な指導案は，8月に作成した原案をそれぞれの教員がアレンジしたものとする。）
- 授業実践を筑波大学大学院生の授業研修として公開する。

【第2回研修：11月】
- 公開授業（英語科担当教員から選出）と研究協議を行う。
- 研究協議は全体会と分散会から成り，分散会では各学校で実践した授業実践について10分のプレゼンテーションを行う。

■編著者
　つくば市総合教育研究所
■監修
　柿沼　宜夫／つくば市教育長
■執筆
　市原　健一／つくば市長
　山田　信博／筑波大学　学長
　吉田　和正／インテル株式会社　代表取締役社長
　柿沼　宜夫／つくば市教育長
　樋口　直宏／筑波大学　人間系教育学域　准教授
　岡野　和夫／つくば市立春日小中学校校長
　杉田　慶也／つくば市立竹園東小学校教頭
　毛利　　靖／つくば市立春日中学校教頭
　奥谷　雅恵／土浦市立中村小学校教頭
　つくば市教育委員会教育指導課／中島 達夫, 松本 義明, 根本 智, 尾見 裕史,
　　　　　　　　　　　　　　　　中島 澄枝, 吉田 浩, 永井 英夫, 山田 仁巳
　つくば市総合教育研究所／片岡 浄, 岡野 正人
　つくば市企画部企画課／名田 雅希
■写真・資料提供
　つくばエキスポセンター，つくば市教育委員会文化財室，上境ひょっとこ保存会，
　宇宙航空研究開発機構（JAXA）筑波宇宙センター，独立行政法人森林総合研究所，
　独立行政法人国立科学博物館筑波実験植物園，公益財団法人ユネスコアジア文化センター，
　マルハニチロホールディングス，筑波山神社
■協力校
　つくば市内小・中学校（15学園）

【表紙・本文デザイン】
　株式会社リーブルテック　AD課

つくば発！小中一貫教育が世界を変える
新設「つくばスタイル科」の取り組み

2012年10月20日　第1刷発行

編著者 ── つくば市総合教育研究所
発行者 ── 川畑慈範
発行所 ── 東京書籍株式会社
　　　　　〒114-8524　東京都北区堀船2-17-1
　　　　　03-5390-7481（営業）／03-5390-7501（編集）
印刷所 ── 株式会社リーブルテック

Copyright ©2012 by Tsukuba Institute for Educational Deveropment
All rights reserved.
Printed in Japan
ISBN978-4-487-80736-9
乱丁・落丁の場合はお取替えいたします。
本書の内容の許可のない無断使用はかたくお断りします。